Gesine Lötzsch

Immer schön auf Augenhöhe

Eulenspiegel Verlag

INHALT

➡ *Einstieg links*

Tierische Neujahrskarten 9

Im Rücken der Kanzlerin 11

Tango-Therapie 13

Jedem nach seinen Bedürfnissen 15

Horst Schlämmer – Isch kandidiere! 17

Ich will einen See kaufen 18

Geburtstagsparty im Kanzleramt 20

Fußfesseln für Abgeordnete? 22

Nachts auf der Elsenbrücke 23

Bersarin wieder Ehrenbürger 25

An apple a day keeps the doctor away! 27

Für Clara und die anderen – im roten Wartburg
unterwegs 30

Was geschah am 4. Oktober 1957? 32

Unsere Bundespräsidentinnen 34

➡ *Bundestag live*

Erste Rede – Beifall von allen? 37

In der Rumpelkammer 39

Jackett für die Kanzlerin 40

Auslandseinsatz ohne Schuhcreme? 41

Kniffige Fragen von der vierten Klasse 42

Mehr Stimmen als Frau Merkel 43

Stalin im Raucherraum 45

Zweierlei Maß 47

Zwischenfall im Plenarsaal 48

Lobbyisten in den Ministerien 50

Nichts geht über ein Selfie mit der Kanzlerin 52

Spitzabrechnung 53

Hartz-IV-Diskussion unterm Kreuz 55

Sommerfest 56

Hartz IV – Armut per Gesetz 57

Tag der Befreiung 59

➡ *Internationales*

Reise ohne Jugendliche? 61

Manolis Glezos wartet am Flughafen 63

Eine Inschrift aus Charkow 65

Porto Alegres Exportschlager 67

»Das hat Joschka Fischer nie geschafft!« 68

Kochen, essen, mehr verstehen 69

Zur Wahl durch den Checkpoint 73

Taliban in Nadelstreifen 75

Die größte Frauentagsfeier der Welt 76

Brexit aus der Nähe 77

Ein Feiertag für Europa 80

Wo sind die Russen-Flüche geblieben? 82

Unterton beim ZDF 83

Wladimir Gall – Im Goldenen Buch von Spandau . . . 85

Martha aus Griechenland 87

Extraausgabe des *Spiegel* für Fidel Castro 88

➡ *Zwischen Anschluss und Vereinigung*

Tierpark für alle! 91

Stromausfall im Schloss Bellevue 93

»Völkerstadien oder so« 93

Ost- und West-Orden 94

Attac?, attac? Attacke! 96
Sozialistische Wärmestuben 97
Osten immer noch Ausland? 99
Unrechtsstaat? 99
Reichsbahner mit »Fremdrenten« 102
Die Mutter aller Heuschrecken 103
Erste Landtagswahl 104
Schwester Agnes fehlt 106
Palast der Republik 108

🡆 Politik hautnah

Der Zauber von 1500 Rosen 110
Silvestertouren 111
Chor ist mehr als nur Singen 113
Immer nah am Wasser 114
Wie geht man mit Gewalt um? 116
Wo ist mein Lieblingsbuch? 117
Hol dir das Har(t)z-Feuer! 118
»Ich stehe direkt unter Ihrer Uhr!« 120
Kein Sommerloch in Lichtenberg 122
Lesen macht Aha 124
Tanz in den Mai 125
Team Gesine Lötzsch gegen Zementwerk 126
Der Fall Emmely 127
Was tun? 129
Autogramm auf dem Örtchen 130
Mach deinen eigenen Film 131
Weihnachten bei Jenny De la Torre 132
Alle Plätze besetzt 134

🡆 Opposition ist nicht Mist

Republikaner-Aufkleber an den Büroschränken 135
»Jede Zahl in diesem Haushalt ist besser frisiert ...« . . 136

Pfeifen zur Wahl 137

Zählgemeinschaften 138

Umbau für Millionen? 139

Vizepräsidentenwahlen 140

Fischer und Schily als Trittbrettfahrer 141

Mövenpick-Partei 142

Revolte im Bundesrat 143

Mein *Stern*-Interview wird nicht gedruckt 144

➡ *Zivilcourage*

Lesen gegen das Vergessen 147

Gesicht zeigen 149

Puccini und der Streit um die Zuwanderung 151

Solidarität im Weitlingkiez 152

Loch im Tagesablauf 154

Zug der Erinnerung 156

Solidarität oder Gier 158

EINSTIEG LINKS

★ *Tierische Neujahrskarten*

In jedem Jahr, kurz vor Weihnachten, wird uns von der Bundestagsverwaltung ein dicker Katalog mit Weihnachtskarten frei Haus ins Büro geliefert. Über Geschmack lässt sich bekanntlich streiten, und ich mag meinen Kolleginnen und Kollegen, die Weihnachtsbäume vor dem verschneiten Brandenburger Tor oder lustige Schneemänner vor dem Reichstag schön finden, nicht zu nahe treten. Ich persönlich finde sie kitschig und langweilig. Wann gab es eigentlich in den vergangenen Jahren mal so viel Schnee vor dem Brandenburger Tor, dass man einen Schneemann hätte bauen können? Ehrlich, ich kann mich daran nicht erinnern …

Wir setzten uns also im Büro zusammen und dachten nach. Wir wollten eine Weihnachtskarte gestalten, die weihnachtlich aussieht, aber sich trotzdem für Grüße zum Jahreswechsel eignet. Schließlich kam uns die Idee: In meinem Wahlkreis befindet sich der Tierpark. Wir könnten doch jedes Jahr mit einem anderen Tier Werbung für unseren großartigen Tierpark machen!

Seit 2005 gibt es nunmehr jeden September einen festen Termin in meinem Kalender: das Fotoshooting mit mir und einem Vierbeiner. Jedes Jahr ist ein anderes Tier der Star meiner Neujahrskarten und jedes Mal ist es

Politik auf Augenhöhe. Gut für den Osten. Meine Neujahrskarte 2005.

aufregend und wert, kleine Geschichten über die Begegnung von Mensch und Tier zu erzählen.

Angefangen habe ich mit einer Giraffe. Ich musste auf eine sehr große Leiter steigen, um ihr in die Augen schauen zu können. Mein Motto war damals: »Politik auf Augenhöhe. Gut für den Osten.« Diese Fotoshootings sind wirkliche Mutproben.

Besonders aufregend war mein Treffen mit Patna, dem fünfzehnmonatigen Nashorn. Ich glaubte, ein träges Tier zu treffen. Doch Patna rannte wie wild durch den Käfig. Immerhin kann ein Nashorn eine Spitzengeschwindigkeit von 45 Stundenkilometern erreichen. Der Fotograf stand sicher hinter der Absperrung und forderte mich unentwegt auf, dichter an Patna heranzugehen. Das war leichter gesagt als getan. Mein Herz klopfte bis zum Hals, und der Mut verließ mich zusehends. Doch der Pfleger rettete mich. Er brachte eine große Stiege mit Äpfeln. Patna wurde plötzlich zahm wie ein Hamster, und ich konnte fast mit ihm kuscheln.

Diese individuellen Neujahrskarten verteile ich vor allem in meinem Wahlkreis. Das Besondere an meinem Neujahrsgruß ist zudem eine tierische Preisfrage, die die Empfänger beantworten sollen. Unter den vielen richtigen Antworten werden zwei Gewinner gezogen, die eine Jahreskarte für den Tierpark bekommen. Natürlich verschicke ich die Neujahrskarte auch an Abgeordnete und Journalisten. Bereits im November werde ich auf den Gängen des Bundestags von Kollegen gefragt, wann denn die Neujahrskarte komme und ob es noch Tiere im Tierpark gäbe, mit denen ich noch nicht fotografiert wurde.

Im Rücken der Kanzlerin

Der Finanzminister hatte seine Rede zum Haushalt 2017 beendet, und ich trat als Vertreterin der größten Oppositionspartei an das Rednerpult, um unsere Position zum Entwurf der Bundesregierung darzustellen. Als mich Bundestagspräsident Lammert ankündigte, verließ die Hälfte der Bundesminister und Parlamentarischen Staatssekretäre die Regierungsbank. Auch die Reihen der CDU/CSU-Fraktion lichteten sich. Johannes Kahrs von der SPD rief: »Frau Kollegin, ich würde die zahlreichen Kolleginnen und Kollegen der Unionsfraktion erst einmal aus dem Saal gehen lassen. Das ist ja eine Massenflucht!« Auch die Kanzlerin verließ ihren Platz, ging hinüber zum CDU/CSU-Fraktionsvorsitzenden Kauder, der in der ersten Reihe saß, und begann mit ihm ein intensives Gespräch, den Rücken zu mir gewandt. Deutlicher kann man kaum sein Desinteresse an einer politischen Debatte bekunden. Das ging selbst dem Bundestagspräsidenten zu weit. Er sagte zu mir: »Einen Augenblick, Frau Kollegin«, dann zur Kanzlerin: »Frau Bundeskanzlerin und Herr Kollege Kauder, dass Sie sich hier vorne unterhalten, das muss so jetzt nicht sein, und wenn, dann muss es jedenfalls nicht hier vorne sein.« Diese Rüge für die Kanzlerin stand am nächsten Tag in allen Zeitungen. Ich wurde von vielen Menschen auf der Straße angesprochen, die über das Verhalten der Kanzlerin empört waren und Norbert Lammert lobten.

Ich habe schon häufiger erlebt, dass Menschen sich eher über das schlechte Verhalten von Politikerinnen und Politikern empören als über die schlechte Politik. Das ist es nicht, was ich kritisiere. Im Gegenteil, wenn wir uns heute über die Verrohung der Sitten in unserer Gesellschaft zu Recht ärgern, dann müssen wir uns fragen, ob wir nicht einen Anteil daran haben. Wenn CDU/CSU-Abgeordnete massenhaft die Flucht ergreifen, während die Opposition ihre Politik kritisiert, dann zeitigt das seine öffentliche Wirkung. Immer wieder beschweren sich Besucher – unter anderem auch Schüler – über die schlechten Umgangsformen der Abgeordneten im Plenarsaal. Diese Abgeordneten wollen Menschen, die eine andere Meinung vertreten, nicht zuhören. Das ist gefährlich. Wenn keiner mehr dem anderen zuhört, dann ist das das Ende der Demokratie.

Die Kanzlerin hat nach mehreren Wahlniederlagen ihrer Partei eingestanden, dass sie in den vergangenen Jahren Fehler gemacht hat. Diese Fehler beging sie auch deshalb, weil sie die Opposition geringschätzt. Wir haben die Kanzlerin immer wieder und mit Nachdruck aufgefordert, Italien und Griechenland mit den Flüchtlingen nicht alleinzulassen. Sie blendete unsere Kritik einfach aus und verließ sich auf das Dublin-Abkommen, das die Aufnahme von Geflüchteten in Europa regelt. Dort wo Geflüchtete ankommen, müssen sie ihren Asylantrag stellen. So konnte sich die Bundesregierung jahrelang zurücklehnen, denn Deutschland ist auf direktem Wege nahezu unerreichbar. Die Regierung Merkel überließ das Problem den Italienern und den Griechen. Das Dublin-Abkommen ist gescheitert. Die Kanzlerin steht vor dem Scherbenhaufen ihrer Politik.

Menschen haben ein feines Gespür. Auch wenn sie die ständig komplizierter werdende Politik nicht immer verstehen, haben sie klare Vorstellungen, wie man sich benimmt. Und wer kein Benehmen hat, der kann auch keine anständige Politik machen. Das sehe ich auch so.

★ Tango-Therapie

Unser Wahlkreisbüro in Lichtenberg befand sich viele Jahre in einem ehemaligen Kindergarten. Heute heißen sie ja leider Kindertagesstätte, kurz Kita. Dabei finde ich Kindergarten viel schöner. Wer denkt sich nur solche Namen im Beamtendeutsch aus?

Auf jeden Fall wurden nach der Wende viele Kindergärten geschlossen und abgerissen, weil immer weniger Babys zur Welt kamen. Die Zukunftsängste führten in Ostdeutschland zum stärksten Geburtenrückgang seit dem Zweiten Weltkrieg.

In der Ahrenshooper Straße mieteten wir drei Räume in einer ehemaligen Kita an und bauten sie zu einem Wahlkreisbüro um. Schnell war es mehr als das. Es entstand ein kleines Kulturhaus. Dank der Tanzlehrer Max und Ute konnten wir auch Tanzkurse in unserem Programm anbieten. Die beiden brachten uns erste Tangoschritte bei. Wie so oft meldeten sich jedoch mehr Frauen als Männer an. Der Frauenüberhang wurde von mir kurz entschlossen behoben, indem ich meine männlichen Mitarbeiter als Teilnehmer »verpflichtete«. Klaus, mein Büroleiter, erzählte mir nach dem fröhlichen Abend von seiner Tanzpartnerin. Ihr sei es gar nicht so sehr ums Tanzen gegangen, hatte die Mittsechzigerin gesagt. Sie habe seit drei Wochen mit keinem mehr gesprochen. Sie wollte endlich einmal wieder unter Menschen sein.

Diese Geschichte hat mich sehr nachdenklich gestimmt. Immer wieder stelle ich fest, dass Menschen vereinsamen. Sie leben allein und fühlen sich ausgeschlossen. Sie igeln sich ein, verlassen nur noch selten ihre Wohnung. Ihnen fehlen Gesprächspartner, sie vermissen sicher auch Anerkennung. Diese ungewollte Isolation nimmt in unserer Gesellschaft zu. Das ist beunruhigend. Ich möchte anders leben, und deshalb lautet mein Lebensmotto: Solidarisch geht es besser! Zur Solidarität gehört für mich auch, dass wir uns stärker um Menschen kümmern, die den Kontakt zur Gesellschaft verloren haben.

Heute werden wieder mehr Kinder in Lichtenberg geboren, und nun fehlen Kitaplätze. Deshalb zogen wir nach vielen Jahren aus unserem schönen »Kulturhaus« aus und machten Platz für eine neue Kindergartengruppe.

★ *Jedem nach seinen Bedürfnissen*

Der Kapitalismus ist nicht das Ende der Geschichte, auch wenn das immer wieder gebetsmühlenartig behauptet wird. Der Philosoph Slavoj Žižek meint, dass es uns leichterfiele, uns das Ende der Welt als das Ende des Kapitalismus vorzustellen: »Als würde der Kapitalismus selbst dann intakt bleiben, wenn das gesamte Leben auf dem Planeten verschwindet.«

Die Finanzkrise 2008 hat deutlich gemacht, welch unglaubliche Zerstörungskraft im Kapitalismus steckt. Es war nicht so, dass nur einige Bankangestellte nicht gewusst hätten, was sie taten. Auch die Kritik an Spekulanten ist berechtigt. Es gibt keinen Kapitalismus ohne Krisen. Besorgniserregend ist, dass die Zahl der Krisen zunimmt und deren Wucht immer größer wird. Die *FAZ* schrieb 2012: »Der Zusammenbruch des Finanzkapitalismus 2008 und die Eurokrise haben die Legitimation eines Systems infrage gestellt, das sich nur noch um sich selbst – sprich seine Schulden – dreht.« Kürzer hat es Papst Franziskus formuliert: »Diese Wirtschaft tötet.«

In Anbetracht der vielen existenziellen Probleme, die der Kapitalismus hervorruft, suchen immer mehr Menschen nach Alternativen. Können die Probleme überhaupt in diesem System gelöst werden? Schon Marx hat diese Frage mit Nein beantwortet. Der Verkauf des Marxschen »Kapital« stieg während der Finanzkrise sprunghaft an.

Ich wurde von der Zeitung *Junge Welt* gebeten, einen Artikel über die »Wege zum Kommunismus« zu schreiben. Wer den Artikel gelesen hat, weiß, dass der Weg zum demokratischen Sozialismus beschrieben wurde. Doch wer liest heute noch Artikel, die mehr als 1000 Zeichen haben? Der latente Antikommunismus in unserem Land brach wie eine Lawine über mich herein. Der CSU-Vorsitzende forderte wegen des Artikels eine flächendeckende Überwachung der LINKEN, und sein Generalsekretär wollte gleich ein Parteiverbotsverfahren anstrengen. Es fand sogar eine CDU-Demonstration vor meiner Wohnung statt. Dieses kleine Häuflein von Antikommunisten wirkte erbärmlich und leistete keinen wirklichen kreativen Beitrag zur Frage, was nach dem Kapitalismus kommen soll. Natürlich wurden Kommunismus, Stalinismus, Mauer und Stacheldraht in einen Topf geworfen und kräftig umgerührt. Mir wurde vorgeworfen, dass ich mich in dem Artikel nicht zu den Opfern des Stalinismus geäußert habe. Das *Neue Deutschland* schrieb dazu: »Das kann man vereinbaren – wenn fortan auch das Wort Christentum nie mehr gebraucht wird, ohne dessen blutige Spur der Brandmorde an Hexen und Ketzern, der Kreuzzüge und der Kumpanei des Vatikans mit dem Hitler-Faschismus einen Viertelsatz zu widmen.«

Ähnliches lässt sich natürlich auch über den Kapitalismus sagen. Der Kapitalismus war nach dem Zweiten Weltkrieg so diskreditiert, dass man die »soziale Marktwirtschaft« erfand. Das klingt zwar netter, ist aber nur alter Wein in neuen Schläuchen.

In unserem Fraktionssaal im Bundestag hängt ein Plakat mit dem Bild eines freundlichen Lothar Bisky und dem Satz: »Wir stellen die Systemfrage!« Wenn wir das System infrage stellen, müssen wir natürlich den Menschen sagen, was danach kommt. Nach meinem Artikel habe ich in meiner Partei Zustimmung und Ablehnung erfahren. Im Berliner Abgeordnetenhaus wurde sogar von SPD und LINKE der Entschließungsantrag »Keine Verklärung kommunistischer Irrwege« beschlossen, in dem es heißt: »Das Abgeordnetenhaus lehnt entschieden Ideologien ab, die auf die Abschaffung von Grund- und Menschenrechten, Demokratie und Rechtsstaatlichkeit gerichtet sind. Das Abgeordnetenhaus hält die Debatte über Wege zum Kommunismus für absurd und überflüssig …« Ich glaube, es ist ein einmaliger Vorgang, dass ein Parlament beschließt, dass eine Diskussion überflüssig ist.

Obwohl also das Parlament beschlossen hatte, die Diskussion zu beenden, veröffentlichte die *FAZ* einen Beitrag unter der Überschrift: »Lob des Kommunismus« von David Graeber. Der erste Satz lautet: »Ich definiere Kommunismus hier als jede menschliche Beziehung, die nach dem Prinzip funktioniert: ›jeder nach seinen Fähigkeiten, jedem nach seinen Bedürfnissen‹.«

Horst Schlämmer – Isch kandidiere!

Meine Praktikantin Jessica kam aufgeregt in mein Büro. Eine Mitarbeiterin von Horst Schlämmer oder Hape Kerkeling hätte angerufen. Ich solle in einem Film mitspielen. Ich war von der Idee nicht begeistert. Die Gefahr war zu groß, von Horst Schlämmer veralbert zu werden. Doch Jessica ließ nicht locker. Horst Schlämmer sei einfach Kult, da müsse ich mitmachen, meinte sie.

Ich bat meinen Büroleiter Klaus, »die Lage« zu sondieren. Er kam mit der Regieassistentin überein, welche Fragen Horst Schlämmer an mich stellen würde. Klaus meinte, es könne gar nichts schiefgehen.

Wir trafen uns in einer Berliner Kneipe. Horst Schlämmer und ich saßen am Tresen und lächelten uns an. Die Kamera lief, und er stellte keine einzige abgesprochene Frage. In der Drehpause bat ich meinen Büroleiter noch einmal, mit der Regie über den Inhalt des Gesprächs zu reden. Es entstand ein kleiner Disput. Horst Schlämmer kam dazu und wollte wissen, welche Schwierigkeiten es gäbe. Er meinte, das sei kein Problem, er würde die abgesprochenen Fragen stellen. Die Drehpause war zu Ende. Die Kamera lief, und Horst stellte nun wieder ganz andere Fragen. Irgendwie war es lustig und machte auch mir Spaß. Jessica meinte, es sei ein sehr nettes Gespräch gewesen, und wir sollten nichts ändern. So kam es dann auch. Die Szene wurde nicht herausgeschnitten. Der Film selbst ist schnell erzählt: Der stellvertretende Chefredakteur des *Grevenbroicher Tagblatts*, Horst Schlämmer, hat von seinem Job genug. Auf der Suche nach einer neuen Herausforderung beschließt er, in die Politik zu gehen. Er gründet die HSP, die »Horst-Schlämmer-Partei«. Er will Kanzler werden. Die HSP ist liberal, konservativ und links. Unter dem Motto »Yes Weekend« tritt er im TV-Kanzlerduell gegen Angela Merkel an. Er schlägt den Bundeshasen als neues Wappentier vor. Ein weiteres Ziel ist, seinen Heimatort Grevenbroich zur Bundeshauptstadt zu machen. Den Film haben immerhin 1,3 Millionen Zuschauer gesehen, und ich natürlich auch.

 ### *Ich will einen See kaufen*

Die Nachfolgeorganisation der Treuhand, die BVVG – Bodenverwertungs- und -verwaltungs GmbH –, verkauft in Ostdeutschland Häuser, Seen, Wälder und Äcker – alles muss raus. In der Regel sind es nicht die Ostdeutschen, die das Geld haben, um einen See oder einen Acker zu kaufen. Auch die Gemeinde Wandlitz sah sich nicht in der Lage, das nötige Geld aufzubringen.

Der Wandlitzer See soll 2003 für nur 420 000 Euro an den Düsseldorfer Anwalt Werner Becker veräußert worden sein. Das sorgte für große Aufregung. Die Medien berichteten ausführlich über das Geschäftsgebaren des Herrn Becker. Ich stritt mit diesem Anwalt in einer RBB-Sendung über den Umgang mit ehemaligem Volkseigentum. Die Wellen schlugen hoch, und unzählige Zuschauer riefen an und machten ihrem Ärger Luft.

Anwalt Becker gründete die Wandlitzsee-Aktiengesellschaft. Jeder Besitzer eines Bade- oder Bootssteges sollte Aktien kaufen oder eine jährliche Miete zahlen. Die Jahrespacht für einen Steg sollte 10 000 Euro betragen. Im Jahr 2004 gab es rund 120 Stegbesitzer. Nur sechs Grundstückseigentümer machten von diesem Angebot Gebrauch. Anwohner berichteten, dass auch bei Entnahme von Wasser aus dem See eine Zahlung an den Eigentümer fällig wurde. Ein grotesker Vorgang!

Ich habe meine Praktikantin Annetta gebeten, für mich einen See in den alten Bundesländern zu kaufen. Sie suchte einen ganzen Tag im Internet, rief sogar Makler an und stieß immer nur auf Verwunderung. »Wir können Ihnen ein Seegrundstück verkaufen, aber Seen verkaufen wir nicht. Wie soll das gehen?«

Was in den alten Ländern auf völliges Unverständnis stieß, ist im Osten absurde Realität. Absurd ist aber nicht nur die Aktiengesellschaft von Anwalt Becker, sondern sind auch die Gesetze, die es der BVVG erlauben, Seen, Äcker und Wälder zu verkaufen.

Wir müssen uns doch die Frage stellen, was aus unserer Demokratie wird, wenn der letzte See, der letzte Acker, der letzte Wald und die letzte Wohnung privatisiert sind. Dann kann in den Parlamenten eigentlich über nichts mehr entschieden werden, dann haben wir keine

Demokratie mehr. Ich kann mich noch gut erinnern, dass zu Beginn der 90er Jahre das Berliner Abgeordnetenhaus über die Fahrpreise der BVG abstimmte. Seitdem wurden viele demokratische Entscheidungen aus den Parlamenten ausgelagert. Jetzt werden Entschlüsse, die alle Menschen angehen, immer häufiger von Gremien getroffen, deren Mitglieder sich nie einer demokratischen Wahl gestellt haben. Es wird Zeit, dass der Privatisierungswahn beendet wird. Verkehrsbetriebe, Krankenhäuser und alle Einrichtungen, die für eine Gesellschaft unverzichtbar sind, müssen wieder durch Parlamente kontrolliert werden. Das würde auch wieder mehr Menschen dazu bewegen, an Wahlen teilzunehmen.

 ## *Geburtstagsparty im Kanzleramt*

Josef Ackermann gehörte als Chef der Deutschen Bank zu den Spitzenverdienern in unserem Land. Ackermanns Fixgehalt soll seit 2003 1,15 Millionen Euro pro Jahr betragen haben. Zusätzlich soll er erfolgsabhängige Vergütungskomponenten bezogen haben, die in manchen Jahren zehn Millionen Euro überstiegen. Öffentliche Empörung löste Ackermann im Frühjahr 2005 aus, als er ein neues Rekordergebnis der Deutschen Bank und gleichzeitig den Abbau von über 6000 Arbeitsplätzen ankündigte. Er war im Vorstand unter anderem für das Investmentbanking zuständig. Das, was so abstrakt technisch klingt, sind Spekulationsgeschäfte mit Wertpapieren, aber auch mit Spareinlagen von Privatkunden. Michael Endres, ehemals Vorstand der Deutschen Bank, verließ 1998 aus Protest gegen die Fixierung auf das Investmentbanking die Bank. Der Mann sah durch, denn er wusste, dass in den damaligen Bankbilanzen nur zehn bis zwanzig Prozent auf das eigentliche Kreditgeschäft zurückzuführen waren. Alles andere sei »artifiziell«, aufgebläht durch kaum überschaubare Finanzinstrumente. Deren Nutzung führte 2008 direkt in die schwerste Finanzkrise nach dem Zweiten Weltkrieg.

Diese Krise wurde möglich, weil die Bundesregierung ihre Kontrollpflicht gegenüber den Banken sträflich vernachlässigt hatte. Mehr noch, die gesetzlichen Vorgaben wurden unter der CDU/CSU-SPD-Regierung sogar gelockert, die neue undurchschaubare Finanzinstrumente für den deutschen Markt zuließ. Einer der einflussreichsten Lobbyisten war Josef Ackermann. Er hatte den direkten Draht zur Kanzlerin.

»Der Chef der Deutschen Bank, Dr. Josef Ackermann, hat seinen sechzigsten Geburtstag nicht im Kanzleramt gefeiert. […] Den sechzigsten Geburtstag des Chefs der Deutschen Bank hat die Bundeskanzlerin vielmehr zum Anlass genommen, am Dienstag, dem 22. April 2008, im repräsentativen Bereich ihres Kanzlerbüros ein Abendessen mit Vertretern der Wirtschaft und Gesellschaft auszurichten.« So die merkwürdige Antwort aus dem Kanzleramt auf eine Anfrage von mir.

Joseph Ackermann erinnerte sich: »Sie [Angela Merkel] hat mir damals gesagt, sie würde gerne etwas für mich tun. Ich solle doch einmal etwa dreißig Freunde und Freundinnen einladen aus Deutschland und der Welt, mit denen ich gerne einen Abend zusammen sein würde im Kanzleramt. Und ich muss Ihnen sagen, es war ein wunderschöner Abend«.

Die Kanzlerin wollte etwas für den Chef der größten Bank in unserem Land tun und ihm ein Essen spendieren. Um im Bild zu bleiben, muss man sich das einmal auf der

Zunge zergehen lassen. Herr Ackermann hätte natürlich jedes Restaurant oder jedes Schloss der Welt für seine Geburtstagsparty buchen können, aber natürlich nicht das Kanzleramt. Das hat seinen ganz eigenen Reiz. Für mich hat die Angelegenheit ein Geschmäckle. Der Bund der Steuerzahler und die CDU fanden die Kritik kleinlich. Mir ging es mit meiner Anfrage nicht in erster Linie um die Ausgaben für das Essen – allein das externe Servicepersonal kostete 2100 Euro –, mir ging es um die Distanzlosigkeit der Kanzlerin gegenüber einem sehr mächtigen Banker. Diese fehlende Distanz war auch ein wichtiger Grund für die fehlende Kontrolle der Banken. Offensichtlich gab es grenzenloses Vertrauen zwischen Ackermann und Kanzlerin Merkel.

Nach Berechnungen der Deutschen Bundesbank kostete die Finanzkrise, die im gleichen Jahr ausbrach, die Steuerzahler 335 Milliarden Euro. Das ist mehr als der gesamte Bundeshaushalt für ein ganzes Jahr.

Aktuell: Jetzt ist die Deutsche Bank aufgrund ihrer Spekulationsgeschäfte selbst in Schwierigkeiten geraten. Und intern heißt es, die Bundesregierung solle an einem Rettungsplan arbeiten. Ich sage: Keine Steuergelder für die Deutsche Bank.

Fußfesseln für Abgeordnete?

Am 10. März 2005, also nahe am Internationalen Frauentag, erlitt die rot-grüne Bundesregierung ihre erste Abstimmungsniederlage. Ausgerechnet beim Thema Gleichstellung fehlte ein ausschlaggebender Teil der SPD-Fraktion. Petra Pau und ich hatten schon lange vorausgesehen, dass es dazu kommen würde. Wir konnten häufig beobachten, wie die Geschäftsführer der SPD-Fraktion ihren Abgeordneten im Laufschritt hinterherrannten, um sie wegen einer nahenden Abstimmung im Saal zu halten. Oft waren die Abgeordneten schneller. Und andersherum erlebten wir auch maulende Abgeordnete, die sich ausgerechnet bei uns darüber beschwerten, dass man sie völlig unnötig einbestellt habe. Vielleicht sollte die SPD-Führung ihren Abgeordneten »Fußfesseln« anlegen.

Übrigens schützt auch eine GroKo – eine Große Koalition – nicht automatisch vor Abstimmungsniederlagen. Eine zu große Mehrheit verleitet schnell dazu, leichtsinnig zu werden. Einer verlässt sich auf den anderen, und zum Schluss sind alle verlassen. So geschah es, dass zu Zeiten von Großen Koalitionen angeblich ganz dringliche und wichtige Gesetze nicht beschlossen werden konnten, weil mangels Masse der Bundestag nicht beschlussfähig war.

Nachts auf der Elsenbrücke …

Im Jahr 1994 sollte die PDS endgültig erledigt werden, und zwar, wie im Kapitalismus üblich, mit Geld. Der Partei wurde ein horrender Steuerbescheid zugeschickt, unterschrieben vom damaligen Finanzstaatssekretär Peter Kurth. Die Partei wusste sich zu wehren – mit Demonstrationen und dem berühmten Hungerstreik. Der begann zunächst im Karl-Liebknecht-Haus, dem Sitz des Parteivorstands, aber die Wirkung musste erhöht werden. Also wurde das Quartier ins Berliner Abgeordnetenhaus verlegt. Das ging natürlich nicht so einfach. Unser Plan, jeden Teilnehmer des Hungerstreiks einzeln in den Preußischen Landtag zu schleusen, brachte die Lösung. Zu ihnen gehörte der damals etwas kräftige brandenburgische Landtagsabgeordnete Heinz Vietze. Mein roter kleiner Renault ächzte unter der Last, als sich Heinz auf den Beifahrersitz fallen ließ. Egal, auf den Renault war Verlass.

Irgendwann waren alle einzeln in den Preußischen Landtag gebracht, und die Aktion konnte fortgesetzt werden. Nachdem die damalige Präsidentin Hanna-Renate Laurien, auch Hanna-Granata genannt, das Hungerstreikkomitee von der Sicherungsgruppe Bonn aus unseren Fraktionsbüros räumen ließ, wurde die Aktion in der Volksbühne fortgesetzt.

Die Aufmerksamkeit der Öffentlichkeit musste erhalten bleiben. Twitter und Facebook gab es noch nicht, auch keinen allgemeinen Zugang zum Internet. Also wurden Kundgebungen und Demonstrationen organisiert. Wir hatten die Idee, T-Shirts mit dem Bild von Gregor Gysi und den Forderungen zur Rücknahme des Steuerbescheids zu drucken. Auch hier war Handarbeit gefordert. Bei Mondos Arts bedruckten wir nachts hunderte T-Shirts. Außerdem fertigten wir zwei großer Banner an. Eines wurde gut sichtbar an der Fußgängerbrücke über die Straße Alt-Friedrichsfelde (ehemals Straße der Befreiung) gespannt, das andere sollte in Treptow aufgehängt werden. Die Zeit drängte. Auf eine Genehmigung des Ordnungsamtes konnten wir nicht warten. Also mussten wir die Banner nachts aufhängen. Mein Mitarbeiter Klaus und ich trafen uns dazu mit Jens-Peter Heuer, einem aktiven Genossen aus Berlin-Treptow, um Mitternacht auf dem Mittelstreifen der Elsenbrücke. Dort entrollten wir das zweite Transparent gut sichtbar. James Bond war nicht dabei, aber er wäre stolz auf uns gewesen. Ein Gutachten der Revisionsfirma C&L Treuarbeit, von der Treuhand auf Verlangen der PDS bestellt, kritisierte den Steuerbescheid in fast jedem Punkt. Berlins damaliger CDU-Finanz-senator Elmar Pieroth, verantwortlich für diesen politisch motivierten Steuerbescheid, musste zurückrudern. Unser Einsatz hatte sich also gelohnt.

★ *Bersarin wieder Ehrenbürger*

Am 11. Februar 2003 beschloss der Berliner Senat, Nikolai Bersarin, dem ersten Stadtkommandanten Berlins nach der Befreiung 1945, die Ehrenbürgerwürde Berlins wie-derzuverleihen. Endlich! Bereits drei Jahre zuvor – noch zu Zeiten der Großen Koalition von CDU und SPD – sollte der Beschluss umgesetzt werden. Doch nichts passierte.

Die 5. Armee unter Führung Nikolai Bersarins erreichte 1945 als erste sowjetische Einheit die Berliner Stadtgrenze. Er wurde nach Kriegsende der erste alliierte Stadtkom-mandant. Mit großem Engagement nahm Bersarin die Reparatur der völlig zerstörten Strom- und Wasserlei-tungen in Angriff und baute eine Kommunalverwaltung auf. Die Bevölkerung konnte infolgedessen ausreichend mit Lebensmitteln versorgt werden. Er setzte sich dafür ein, dass Theater und Kinos wieder spielten. Das erste Symphoniekonzert für die Berliner fand am 16. Mai statt, nur eine Woche nach der Kapitulation. Als Stadtkomman-dant sorgte er dafür, dass im zerstörten Berlin wieder eine Zeitung erschien und setzte sich für die Inbetriebnahme des Rundfunksenders ein. Zeitzeugen berichten über den hohen persönlichen Einsatz, den er bei der Wiederherstel-lung des öffentlichen Lebens an den Tag legte. Übergriffe und Plünderungen durch seine eigenen Soldaten bestrafte er hart. Nikolai Bersarin starb am 16. Juni 1945 bei einem Motorradunfall im Alter von nur 41 Jahren.

Im Sommer 1992 »bereinigte« der vom Regierenden CDU-Bürgermeister Eberhard Diepgen geführte Senat die Ehrenbürgerliste mit einem Handstreich. Nach seiner politischen Auffassung durfte es nicht sein, dass ein Russe Ehrenbürger der Hauptstadt ist.

Da war es auch nicht verwunderlich, dass derselbe Diepgen die Umsetzung des Parlamentsbeschlusses vom Sommer 2000 boykottierte. Während der Koalitionsverhandlungen von SPD und PDS setzte ich mich in der zuständigen Arbeitsgruppe dafür ein, dass dieser Beschluss nun endlich realisiert werden sollte. Aus meiner Sicht eigentlich eine Selbstverständlichkeit. Es gab aber auch einige Mitglieder des Abgeordnetenhauses, die Angst hatten, wir könnten mit diesem Beschluss die Westberliner verschrecken. Diese Bedenkenträger vergaßen geflissentlich, dass sich zum Beispiel bei einer Umfrage des *Tagesspiegels* – der vor allem im Westen der Stadt gelesen wird – eine Mehrheit für die Rehabilitierung des ersten Stadtkommandanten Nikolai Bersarin entschieden hatte. Zudem gab es unter diesen Menschen nicht wenige Westberliner, die sich seit Jahren auch mit finanziellen Mitteln für Bersarin engagierten.

Als damaliges Mitglied des Abgeordnetenhauses beauftragte ich den Historiker Lutz Prieß, eine Broschüre über das Wirken Nikolai Bersarins zu erarbeiten, die dann an zahlreiche Vereine, Bibliotheken und Einzelpersonen verschickt wurde. Damit wollte ich einen Beitrag zu einer wichtigen Debatte in unserer Stadt leisten. Das war aber nur der erste Schritt. Der nächste musste sein, die Wiederaufnahme Bersarins in die Ehrenbürgerliste Berlins auch würdig zu begehen.

Am 20. März 2003 wurde im Festsaal des Abgeordnetenhauses Nikolai Bersarin die Würde als Ehrenbürger

Berlins wiedergegeben. Die Enkeltochter Alexandra bedankte sich mit bewegenden Worten. Die PDS-Fraktion hatte diejenigen eingeladen, die sich seit Jahren für eine gerechte geschichtliche Bewertung eingesetzt hatten. Viele sind inzwischen enge Freunde geworden. Als ich Alexandra und ihren Mann Pjotr durch den Reichstag führte, begleitete mich eine Dolmetscherin, deren Vater kommunistischer Reichstagsabgeordneter gewesen war und nach dem Reichstagsbrand verhaftet wurde.

Geschichte bleibt lebendig, und so sollte dieser 20. März 2003 auch ein bitterer Tag werden. Denn an diesem Tag marschierten die USA mit einer »Koalition der Willigen« in den Irak ein. Die Spirale des Krieges drehte sich weiter.

 ## *An apple a day keeps the doctor away!*

Mit der Gesundheitsreform 2003 beschloss die Bundesregierung nicht nur die Einführung der Praxisgebühr. Ab dem 1. Januar 2005 wurden auch die Arbeitgeber entlastet. Ihr Anteil an den Krankenkassenbeiträgen wurde eingefroren. Seitdem müssen die Arbeitnehmer für die steigenden Kassenbeiträge allein aufkommen.

Petra Pau und ich hatten natürlich gegen dieses Gesetzespaket im Bundestag gestimmt. Ich startete eine kleine Kampagne gegen die Gesundheitsreform im Allgemeinen und gegen die Praxisgebühr im Besonderen. Viele Patienten ärgerten sich über diese »Eintrittsgebühr« beim Arzt, und viele Ärzte stöhnten über den bürokratischen Aufwand, der ihnen vor allem Zeit zur Behandlung der Patienten stahl. Gegenwehr musste her! Jedes Jahr im

Herbst verteile ich seitdem auf den Straßen von Lichtenberg Äpfel und Flugblätter gegen die Gesundheitsreform.

Morgens um sechs Uhr stand ich einmal mit meinem Arbeitskollektiv am S-Bahnhof Hohenschönhausen, um den Passanten einen Frühstückapfel mit auf den Weg zu geben. Am Apfelstiel klebte ein Fähnchen mit dem Slogan »Direkt gewählt – direkt erreichbar« und meiner Telefonnummer. Gegen sieben Uhr zogen wir dann zum Bahnhof Frankfurter Allee weiter. Abgesehen von einigen wenigen Morgenmuffeln kamen wir mit den Passanten ins Gespräch. Der Zeitungsverkäufer sagte: »Das kenne ich doch schon vom vergangenen Jahr.« Eine Frau hatte es eilig und rief mir zu: »Es geht voran mit uns!« Sie sollte recht behalten. Als wir wieder in Fraktionsstärke im Bundestag vertreten waren, stellten wir 2006 einen Antrag zur Abschaffung der Praxisgebühr und anderer Zuzahlungen. Dieser Antrag wurde von CDU und FDP abgelehnt. Vor der Bundestagswahl 2013 forderte die FDP dann plötzlich selbst die Abschaffung der Praxisgebühr. Doch dieses Wahlkampfgeschenk konnte ihren Rauswurf aus dem Parlament nicht mehr verhindern. Immerhin: die Gebühr wurde ersatzlos gestrichen. Wir setzten unsere Apfelaktion dennoch fort.

Gründe dafür gibt es immer noch genug: Ein Dauerthema ist die Abwanderung von Fachärzten aus Lichtenberg in Regionen, die mehr Privatpatienten haben. Dort verdienen die Ärzte mehr. Das ist nicht nur ein Problem in Lichtenberg, sondern in ganz Ostdeutschland und auch in ländlichen Regionen der alten Bundesländer. Immer wieder habe ich die Bundesregierung auf dieses Problem hingewiesen. 2002 hat die SPD-Gesundheitsministerin, Ulla Schmidt, das Problem noch geleugnet, später hat sie es verharmlost, und dann kam schon ein neuer Gesund-

Weg mit der Praxisgebühr. Eine Aktion mit Hendrik Thalheim und Rolf Kutzmutz vor einer ehemaligen Poliklinik.

heitsminister mit FDP-Parteibuch. Alle Gesundheitsminister – egal welcher Partei – schoben die Schuld auf die Kassenärztliche Vereinigung (KV), die einen Versorgungsauftrag habe. Diese Schuldzuweisungen lösen aber das Problem nicht. Ich bin dafür, dass der Kassenärztlichen Vereinigung der Versorgungsauftrag entzogen wird, wenn sie ihn nicht erfüllt. Doch nichts fürchten Gesundheitsminister mehr als die Auseinandersetzung mit dieser mächtigen Lobbygruppe. Damit meine ich nicht die Ärzte, die oft selbst unter den Bürokraten der Krankenversicherungen leiden.

Es sieht ganz danach aus, dass wir in den nächsten Jahren noch viele Äpfel verteilen müssen.

Für Clara und die anderen –
im roten Wartburg unterwegs

Nachdem der Bonner Bundestag den Umzug nach Berlin beschlossen hatte, musste das Terrain in Berlin abgesteckt werden. Dazu gehörte, dass der Bund und die Länder Berlin und Brandenburg am 25. August 1992 einen sogenannten »Hauptstadtvertrag« schlossen. Damit wurde Berlin die »entmündigte Hauptstadt«. Warum? Der Kern des Hauptstadtvertrages bestand darin, dass die jeweils höhere Ebene, wenn sie meinte, ihre Interessen seien berührt, der jeweils tieferen Ebene die Kompetenzen entziehen konnte. Dieses Mittel wurde und wird auch heute gern genutzt, um widerborstige Bezirke durch den Senat von Berlin zur Räson zu bringen. Heute trifft es besonders Bauprojekte, während in den 90er Jahren die Umbenennung von Straßen und Plätzen im Fokus stand. Nach einer ersten Umbenennungswelle zu Beginn der 90er folgte in der Mitte des Jahrzehnts auf Initiative des Senats aus CDU und SPD eine zweite. Berlin sollte namentlich »hauptstadtfein« gemacht werden.

Ein besonderer Dorn im Auge der Eiferer der Umbenennung war der Name Clara Zetkin. Abgeordnete und Beamte des Bundestages sollten ihre Büros in einer Straße haben, die nach einer Kommunistin benannt ist?! Das schien unzumutbar. Clara Zetkin war als Reichstagsabgeordnete 1932 Alterspräsidentin und warnte in einer leidenschaftlichen Rede vor der Kriegsgefahr. Außerdem war sie eine Vorkämpferin für die Rechte der Frau, Mitinitiatorin des Internationalen Frauentages. Daran sollte in der vereinigten Bundesrepublik nicht erinnert werden, dann doch lieber an Dorothea, eine preußische Prinzessin. Die PDS wollte diese Umbenennungen verhindern. Darum organisierten wir eine Kundgebung »Für Clara und die anderen« auf dem Alexanderplatz. Einer der Redner war der Alterspräsident des Bundestages, Stefan Heym. Die Kundgebung musste bekanntgemacht werden. Also klebten wir Plakate. Unser Trupp bestand aus Carola Bluhm, von Anfang an in der Stadtverordnetenversammlung und im Abgeordnetenhaus dabei, Klaus und mir. Klaus fuhr damals einen Wartburg. Carola hatte sich gerade eine neue weiße (!) Hose gekauft, die bei der Klebeaktion gleich eingeweiht wurde.

Wir hinterließen unsere Spuren in unmittelbarer Nähe des Berliner Abgeordnetenhauses, doch bald wurde die Polizei auf uns aufmerksam. Man erklärte uns etwas von Bannmeile und so. Carola und ich zückten unsere Abgeordnetenausweise und überzeugten die Polizisten, dass man uns ja nicht vor uns selbst schützen müsse. Dann nahmen sich die Polizisten Klaus zur Brust.

Wortreich und offenbar sehr überzeugend erklärten wir den Ordnungshütern, dass unser männlicher Begleiter mit der ganzen Sache nichts zu tun habe. Klaus kam davon. Wir fuhren ein Stück und klebten an der nächsten Ecke munter weiter.

Die Umbenennung der Clara-Zetkin-Straße konnten wir leider nicht verhindern. Der Bersarinplatz, der in einen »Baltenplatz« umgewandelt werden sollte, heißt hingegen heute immer noch Bersarinplatz.

Um Clara Zetkin ein wenig historische Gerechtigkeit angedeihen zu lassen, hat die Fraktion DIE LINKE ihren Fraktionssaal nach ihr benannt.

Übrigens: Das Plakat, das wir damals gegen die Umbenennung klebten, hängt noch heute an der Wand hinter meinem Schreibtisch im Bundestag.

★ Was geschah am 4. Oktober 1957?

Als Parteivorsitzende war ich häufig auf Einladung unseres Studierendenverbandes SDS zu Gast an Hochschulen und Universitäten. In meinen Vorträgen fehlte nie dieser Satz: »Ihr erinnert euch doch alle noch an den 4. Oktober 1957.« Häufig kam erst einmal die Reaktion: »So alt sind wir doch noch nicht.« – »Ich auch nicht«, gab ich zurück. Torsten, mein Fahrer und treuer Unterstützer, grinste. Er als Raumfahrtenthusiast wusste natürlich Bescheid.

Am 4. Oktober 1957 gelang es der Sowjetunion, den ersten künstlichen Satelliten, den Sputnik, ins Weltall zu schicken. Die westliche Welt, insbesondere ihre Führungsmacht, die USA, war schockiert. Ein Land, dem gegenüber sich die USA haushoch überlegen fühlte, hatte sie auf einem wichtigen, prestigeträchtigen Feld überrundet. Nur vier Jahre später flog mit Juri Gargarin der erste Mensch in den Weltraum. Die USA zogen nach und schickten den ersten Menschen auf den Mond. Immer wieder tauchen Theorien auf, dass diese Mondlandung ein großer Bluff war. Aber geschenkt. Heute ist der Sinn der bemannten Raumfahrt eher umstritten. Die Kosten sind hoch und die Gefahren für den Menschen groß.

Bemerkenswert – und als heutige Lehre immer wieder hervorzuheben – ist, was der Sputnikschock in den USA auslöste. Das Bildungssystem wurde umfassend reformiert. Man erkannte, dass man nicht erfolgreich sein würde, wenn die Elite sich immer nur aus sich selbst rekrutierte und die Mehrheit des Volkes von umfassender Bildung ausgeschlossen bliebe. US-Präsident Eisenhower sorgte dafür, dass mehr Mittel in die Bildung flossen und ein breites Stipendienprogramm für Menschen aufgelegt wurde, die heute mit dem fürchterlich überheblichen Wort »bildungsfern« beschrieben werden.

Wie wichtig und sinnvoll die Förderung jedes Kindes, Jugendlichen, ja jedes Menschen ist, beweist meine eigene Familiengeschichte. Mein Großvater war geprüfter Hilfsschlosser. Meine Großmutter nähte in Heimarbeit Handschuhe. Ihre drei Kinder absolvierten alle ein Fachschulstudium beziehungsweise ein Hochschulstudium. Meine Eltern gaben ihren Bildungsdrang an ihre Kinder weiter und förderten mich und meinen Bruder sehr.

Heute sind solche Familiengeschichten nicht mehr typisch. Viele Menschen machen die Erfahrung, dass ihre gute Ausbildung kein Garant mehr dafür ist, dass man auch Erfolg hat. Erfolg hat mit anderen Dingen zu tun, nicht damit, was man kann, sondern damit, woher man kommt und wie man vernetzt ist. Die Lehren aus dem Sputnikschock sind nicht nur in den USA verdrängt worden, leider! Aber ich erinnere bei jeder Gelegenheit an sie, seien es Reden zur Raumfahrt, zur Bildungspolitik oder Diskussionen zu Innovation und Raumfahrt.

Im Februar 2015 nahm ich an einem Kolloquium der Alexander-von-Humboldt-Stiftung in Brasilien teil. Es ging um Forschungsexzellenz in einer globalisierten Welt. Ich berichtete über das System der Forschungsfinanzierung in Deutschland, hob dessen Vorzüge hervor, verschwieg aber auch Kritikwürdiges nicht. Studiengebühren – so eine meiner Aussagen – negieren die Lehren des Sputnikschocks und verschwenden Talente.

★ Unsere Bundespräsidentinnen

Wenn diese Geschichte veröffentlicht ist, werden wir einen neuen Bundespräsidenten haben. Im Oktober 2016, als ich diese Zeilen schrieb, begann das mediale Gefeilsche, wer wohl das höchste Amt der Bundesrepublik Deutschland bekleiden sollte. Da war von Norbert Lammert, dann von Frank-Walter Steinmeier die Rede. Und in der Hinterhand gab es sicher auch einige wenige Kandidatinnen.

Optimal wäre ein Kandidat, noch besser eine Kandidatin, auf den oder die sich alle einigen könnten. Es wäre schon ein Fortschritt, würden sich Sozialdemokraten, LINKE und Grüne auf eine Person verständigen, die aus gemeinsamem Wollen und Handeln gut wäre für Deutschland. Mir fielen für die neue Amtsperiode Frauen ein, die prima auf diesen Stuhl passen würden. Leider hat sich die SPD für ein Bündnis mit der CDU entschieden.

Die Vorschläge der LINKEN für das Amt des Bundespräsidenten, Lukrezia Jochimsen und Beate Klarsfeld, waren für mich nie »Zählkandidatinnen«, sondern starke, politisch engagierte Frauen, echte Alternativen zu Christian Wulff oder Joachim Gauck. Beide stehen in ihrem politischen Selbstverständnis und Engagement für Themen, mit denen sie Deutschland im höchsten Amt würdig vertreten hätten.

Luc Jochimsen, die hoch geschätzte Journalistin, stand und steht für Versöhnung und den respektvollen Umgang von Ost- und Westdeutschen. Nachdem sie die Kandidatur angenommen hatte, wurde sie zunächst von den Medien völlig ignoriert. Die Begründung von ARD und ZDF war: »Wir nehmen nur aussichtsreiche Kandidaten ins Programm.« Als Luc jedoch dem *Hamburger Abendblatt* ein großes Interview gab, in dem sie auf den Begriff »Unrechtsstaat« angesprochen wurde, antwortete sie nicht wie vom Blatt gewünscht. Sie bestätigte, dass die DDR ihren Bürgern unverzeihliches Unrecht angetan habe, der Begriff »Unrechtsstaat« aber weder wissenschaftlich noch juristisch existiere. Nun war die Hölle los, die Anfragen von Journalisten überschlugen sich. Fassungslos musste Luc zur Kenntnis nehmen, dass alle Interviews nur einem Zweck dienten: von ihr untertäniges Verhalten zu erzwingen. Luc Jochimsen schrieb damals: »Es gibt den alten Gesslerhut, den jeder grüßen muss! Im Jahre 2010 – wer hätte das gedacht?«

Nicht anders erging es Beate Klarsfeld. Die bekannte Nazi-Jägerin wurde, weil sie CDU-Bundeskanzler und Altnazi Kurt Georg Kiesinger im November 1968 ohrfeigte, inhaftiert und geschmäht. Diese Backpfeife machte Beate weltberühmt. Gemeinsam mit ihrem Mann Serge spürte sie NS-Täter auf, die unbehelligt weiter in Deutschland lebten oder im Ausland untergetaucht waren. Sie kämpfte ihr ganzes Leben lang gegen Rassismus und für Antifaschismus. Beate und Serge ist es zu verdanken, dass Männer wie Kurt Lischka, Alois Brunner und Klaus Barbie, die für die Ermordung Tausender Juden verantwortlich waren, einer gerechten Strafe nicht entgehen konnten. Beate Klarsfeld stand und steht für ein antifaschistisches Deutschland – kann es eine würdigere Kandidatin geben? Als sie zusagte, für das höchste Amt zu kandidieren, war der Aufschrei in der Presse groß. Medien jeder Couleur, von *Spiegel, Zeit* bis *Welt,* von *Tagesspiegel* bis *Taz,* schossen sich auf sie und die Partei, die sie für das Amt vorgeschlagen hatte, ein. Bei einem Interview des *Spiegel* wurde Beate auf Verstrickungen mit der Stasi angesprochen. Man witterte eine Story und beabsichtigte, sie als zwielichtige Gestalt zu diffamieren. Gleiches passierte in Dresden bei einer Pressekonferenz. Dort öffnete Beate kurz entschlossen ihre Tasche, holte ganz selbstverständlich eine Akte und ihre Autobiografie heraus und legte sie auf den Tisch. Mit dieser Geste forderte sie Journalisten förmlich heraus. Begleitet wurde diese Szene von Beates Kommentar, sie habe in der DDR die Unterstützung bekommen, die ihr in der Bundesrepublik immer verweigert worden war. Sie habe Akten bekommen, die sie und ihr Mann brauchten, um NS-Mörder zu enttarnen. Beate Klarsfeld ließ nicht zu, dass ihr Lebenswerk von Journalisten diffamiert werden konnte.

Obwohl Luc Jochimsen und Beate Klarsfeld wussten, dass die Mehrheit der Bundesversammlung sie aus parteistrategischen und parteitaktischen Gründen nicht wählen würde, haben sie gesiegt. Beide bekamen jeweils mehr Stimmen, als die LINKE in den Bundesversammlungen von 2010 und 2012 Wahlfrauen und Wahlmänner hatte.

Danke Luc und danke Beate.

BUNDESTAG LIVE

 Erste Rede – Beifall von allen?

Ich werde häufig von Besuchergruppen im Bundestag gefragt, welche Rituale es in diesem hohen Hause gibt, zum Beispiel, wer warum wem Beifall klatscht. Es kommt sehr selten vor, dass jemand von allen Fraktionen des Bundestages Beifall erhält. Garantiert ist das eigentlich nur bei einem Geburtstag ab sechzig Jahren – und bei der allerersten Rede im Bundestag, die eine Abgeordnete oder ein Abgeordneter hält. Im Anschluss an die Rede ist es üblich, dass der Präsident gratuliert und für die weitere Arbeit alles Gute wünscht. Beifall von allen ist garantiert.

Bei mir war das allerdings anders. Ich hielt meine erste Rede im Bundestag in einer besonderen Situation und vor vollbesetztem Haus. Es war die konstituierende Sitzung im Jahr 2002. Die PDS verfehlte die Fünf-Prozent-Hürde. Nur Petra Pau und ich hatten per Direktmandat den Einzug in den Bundestag geschafft. Petra hatte bereits zum zweiten Mal ein Direktmandat gewonnen, das erste Mal in Pankow, später in Marzahn-Hellersdorf.

In meiner ersten Rede forderte ich Rechte für uns ein, zum Beispiel das uneingeschränkte Fragerecht, das normalerweise jedem Abgeordneten zusteht. Als Einzelabgeordnete konnte ich der Bundesregierung nur vier Fragen im Monat stellen. Ich verwies darauf, dass wir keine

2004 mit Petra Pau auf einer Demonstration gegen Hartz-IV.

»unabhängigen Einzelabgeordneten« wären, wie es uns die Bundestagsjuristen erklärt hatten, sondern Vertreterinnen ein und derselben Partei, nämlich der PDS. Wir – so unsere Auffassung – waren eine Gruppe von zwei Personen. Direkt vor meiner Rede war der Sozialdemokrat Wolfgang Thierse zum Bundestagspräsidenten gewählt worden. In seiner Antrittsrede brachte er seine Genugtuung darüber zum Ausdruck, dass es eine Fraktion weniger im Bundestag gebe. Ich gratulierte ihm in meiner Rede zwar zu seiner Wahl, widersprach aber heftig seiner Auffassung, dass unsere Demokratie gewachsen sei, weil eine Fraktion nun nicht mehr vertreten ist. Ich versicherte allen, dass wir als Fraktion wiederkommen würden. Das war zum damaligen Zeitpunkt sehr mutig, aber die Wahl im Jahr 2005 bestätigte zum Glück meine Prognose.

Nach dieser Rede kannten mich alle. Und der Beifall? Der kam, zwar nur von Petra Pau, dafür aber zuverlässig nach jeder Rede.

Übrigens: Da man uns den Status, Abgeordnete der PDS zu sein, absprach, begann ich jede Rede mit dem Satz: »Ich bin Abgeordnete der PDS.« Meist folgte ein wütender Zwischenruf: »Nein, sind Sie nicht!« So ist das mit den Ritualen im Bundestag.

In der Rumpelkammer

Am 14. Januar 2003 hatten Petra Pau und ich zu einem Pressegespräch über unsere Arbeitsvorhaben im anbrechenden Jahr eingeladen. Als wir den von uns bei der Bundestagsverwaltung bestellten Raum im Jakob-Kaiser-Haus betraten, erlebten wir zwei Überraschungen.

Die erste war eine freudige. Sehr viele Journalisten waren schon vor uns eingetroffen. Die zweite Überraschung war um so ärgerlicher. In dem Raum stapelten sich kreuz und quer etwa achtzig Umzugskisten, in denen die CDU-Fraktion aussortierte Materialien lagerte. Obwohl wir bei diesem Pressegespräch eigentlich ausnahmsweise mal nichts zu unseren Arbeitsbedingungen sagen wollten, kamen wir angesichts des »einladenden« Ambientes nicht umhin, diese Problematik anzusprechen. Ich erinnerte daran, dass Bundestagspräsident Thierse uns in einem Interview vorgeworfen hatte, wir würden uns als Märtyrer aufspielen. Er ging sogar so weit zu behaupten, wir besäßen gegenüber anderen Abgeordneten Privilegien. Schließlich könnten wir zu jedem Tagesordnungspunkt reden. Das sei ansonsten nur den »Elefanten« vorbehalten. Von Privilegien konnte in Anbetracht der verordneten Rumpelkammer wahrlich nicht die Rede sein.

★ Jackett für die Kanzlerin

Seit ich Mitglied des Bundestages bin, gehöre ich dem Haushaltsausschuss an. Zuerst war ich als fraktionslose PDS-Abgeordnete nicht einmal stimmberechtigt, dann war ich viele Jahre Sprecherin und Obfrau meiner Fraktion, ab 2014 Vorsitzende. Zu Beginn meiner Mitgliedschaft war die CDU/CSU in der Opposition. Angela Merkel hatte sich in der Parteispendenaffäre von Helmut Kohl und Wolfgang Schäuble distanziert und wurde Parteivorsitzende. Dann verdrängte sie Friedrich Merz vom Fraktionsvorsitz und übernahm auch dort die Führung. Trotzdem oder auch deshalb fremdelten viele Mitglieder ihrer Fraktion mit ihr. Frau und aus dem Osten – das schien irgendwie zu viel. Immer wieder beeindruckend für mich, wie offenherzig sich Mitglieder anderer Fraktionen gegenüber anderen nachteilig über die eigenen Parteifreunde äußern. Ich fürchte, das passiert auch ab und zu einigen meiner Genossen. Aber zurück zur CDU. Bei einem Essen, zu dem Landwirtschaftsministerin Renate Künast eingeladen hatte, fragte ich zwischen Hauptgang und Dessert die in meiner Nähe sitzenden Abgeordneten der Union nach Angela Merkel. Damit stach ich in ein Wespennest. Allerlei Verwerfliches wurde mir erzählt. Besonders empört waren die Kollegen, dass Angela Merkel in der Fraktionssitzung das Wort »Werktätige« gebraucht hatte. Unfassbar für Unionsabgeordnete! Diese latente Verachtung wandelte sich jedoch in Ehrerbietung, nachdem Angela Merkel Kanzlerin geworden war.

Nun ist es geradezu heilige Pflicht eines jeden Ministers, persönlich im Haushaltsausschuss zu erscheinen. Für das Kanzleramt erscheint in der Regel der Chef des

Kanzleramtes. Umso stolzer war die Union, dass sie es geschafft hatte, Merkel in den Ausschuss zu holen. Der Obmann der Union war mächtig aufgeregt und versuchte, Ordnung in seine Truppe zu bringen. Das gelang aber nicht ganz. Als endlich die Information kam, Angela Merkel werde in etwa drei Minuten erscheinen, empfahl ich in die angespannte Stille hinein den Herren von der CDU, doch die Zeit zu nutzen, ihre Jacketts anzuziehen. Großes Gelächter, aber sofortiger Vollzug.

Übrigens gab es während meiner Studienzeit einen Professor, der an heißen Tagen vor der Vorlesung die anwesenden Damen bat, sein Jackett ausziehen zu dürfen.

Auslandseinsatz ohne Schuhcreme?

Während der Parlamentsferien lässt gewöhnlich der Stress nach. Ich habe dann Zeit, dicke Berichte zu lesen. Ein Bericht des Bundesrechnungshofs aus dem Jahre 2003 ist mir noch immer in guter Erinnerung. Dort las ich:

»Die Bundeswehr könnte mehrere Millionen Euro jährlich sparen, indem sie Schuhpflegemittel bedarfsgerecht beschafft und bevorratet. Bei den Vorräten an Schuhcreme will sie den Bedarf von sechs Monaten in Zukunft nicht mehr überschreiten. Die Wehrbereichsverwaltungen bewirtschaften Vorräte an Pflegemitteln und Zubehör für Schuhe wie Einlegesohlen, Schnürsenkel und Instandsetzungsmaterial. Eine Wehrbereichsverwaltung lagerte dabei eine Menge handelsüblicher schwarzer Schuhcreme, die einem Sechsjahresbedarf für jeden Soldaten dieses Wehrbereichs entsprach. Das BMVg (Bundesministerium der Verteidigung) hat berichtet, dass die neu gegründete Bekleidungsgesellschaft ein Konzept der dezentralen

Beschaffung entwickelt habe. Dies werde vor allem bei handelsüblichen Artikeln zu geringeren Vorräten führen. Schuhcreme solle auch künftig zentral beschafft werden, da sie wegen der geforderten Eigenschaften nicht ohne weiteres im Handel erhältlich sei. Dabei solle aber der Vorrat an Schuhcreme künftig den Bedarf für rund sechs Monate nicht überschreiten.«

Die Schuhcremebevorratung von sechs Jahren auf sechs Monate zu reduzieren halte ich in Anbetracht immer länger werdender Auslandseinsätze der Bundeswehr für grob fahrlässig. Glaubt denn der Rechnungshof wirklich, dass ein Bundeswehrsoldat in Kabul in einer afghanischen Drogerie Schuhpflegemittel bekommt, welches den »geforderten Eigenschaften« entspricht?

 ### Knifflige Fragen von der vierten Klasse

Ich habe schon Besuchergruppen jeden Alters und mit den unterschiedlichsten Interessen im Bundestag empfangen. Mit Kindern ist es besonders spannend. Die Antworten auf ihre Fragen sollen ja nicht nur richtig, sondern auch verständlich und pädagogisch wertvoll sein. Schüler einer vierten Klasse fragten mich einmal, ob man eigentlich sehr gute Zensuren brauche, um Abgeordnete zu werden. Die Antwort war für mich ein bisschen heikel. Wenn ich sage, die Zensuren sind eigentlich egal, welche Schlussfolgerungen sollen die Schüler daraus ziehen? Ich erzählte meinen zehnjährigen Besuchern also, dass viele Abgeordnete eine Berufsausbildung oder ein Studium abgeschlossen haben. Ich halte das für sinnvoll. Mit einer abgeschlossenen Ausbildung zeigt man auch seinen Wäh-

lern, dass man in der Lage ist, Dinge zu Ende zu bringen.*
Meine kleinen Besucher nickten zustimmend und gaben
sich mit dieser Antwort zufrieden.

Als wir bei unserem Rundgang durch den Bundestag
im Paul-Löbe-Haus ankamen, waren sie beeindruckt. Die
Ausmaße und Gestaltung dieses riesigen Gebäudes aus
Glas und unverputztem Sichtbeton, mit all den Treppen
und Liften imponierten allen Besuchern und provozieren
Fragen, auf die ich nie gekommen wäre. Könnte hier nicht
eine Straßenbahn fahren, schlug ein Neunjähriger vor.
Oder wie lange dauert es, bis alle Fenster geputzt sind?

Da passte es gut, dass ich auch einmal Auszubildende
aus dem Oberstufenzentrum Max-Taut-Schule empfing.
Sie waren angehende Glas- und Gebäudereiniger. Als
sie die Installation des Leipziger Künstlers Neo Rauch
»Mann auf der Leiter« im Paul-Löbe-Haus sahen, riefen
sie spontan: Endlich hat auch mal einer an uns gedacht.

* P. S. Im Sommerloch 2016 machte eine Kollegin Schlag-
zeilen, die sowohl ihr Abitur als auch ihren Studienab-
schluss komplett erfunden hatte. Augenscheinlich war sie
der gleichen Meinung wie ich. Es fehlte ihr nur an der
praktischen Umsetzung.

⭐ *Mehr Stimmen als Frau Merkel*

In meiner ersten Rede im Deutschen Bundestag wies ich
darauf hin, dass ich bei der Bundestagswahl 2002 exakt
909 Erststimmen mehr als Frau Merkel bekommen und
dass rund zwei Millionen Menschen die PDS gewählt
hatten. Damit verband ich meine Forderung nach bes-
seren Arbeitsbedingungen für Petra Pau und mich im

Bundestag. Weil es für uns so zentral war, komme ich noch einmal auf das Fragerecht zurück: Gruppen und Fraktionen durften unbegrenzt fragen, wir mit dem Status Einzelabgeordnete mussten uns mit vier Fragen an die Bundesregierung pro Monat begnügen. Infolgedessen bekamen wir unzählige Fragen von Bürgerinnen und Bürgern zugeschickt, die wir nicht beantworten konnten, weil unser Fragerecht so drastisch eingeschränkt war.

Deshalb forderten wir eine Änderung der Geschäftsordnung des Bundestages. Wir wollten als Gruppe anerkannt werden und unter anderem das Recht durchsetzen, Gesetzentwürfe, Entschließungsanträge sowie Kleine Anfragen einzubringen. Der Antrag wurde abgelehnt.

Die Medien berichteten ausführlich darüber, dass wir in der äußersten Ecke des Bundestages ohne Tisch und Telefon sitzen mussten. Unsere Büros befanden sich eine Viertelstunde Fußweg vom Plenarsaal entfernt. Viele Änderungen der Tagesordnungen, die im Ältestenrat beschlossen wurden, an dem wir nicht teilnehmen durften, erreichten uns sehr spät. Um noch rechtzeitig in den Plenarsaal zu kommen, mussten wir immer wieder im Laufschritt die Strecke vom Büro in den Plenarsaal absolvieren. Dieses Fitnesstraining hätten wir uns gern erspart und anderweitig absolviert. Doch näher liegende Räume wurden uns verwehrt.

SPD-Bundestagspräsident Thierse erhielt viele Leserbriefe, in denen der schäbige Umgang mit den »beiden Frauen« kritisiert wurde. Natürlich ging es uns nicht nur um die Verbesserung unserer Arbeitsbedingungen, sondern wir wollten in der Öffentlichkeit deutlich machen, wie unnachgiebig und kleinkariert eine übergroße Mehrheit der Bundestagsabgeordneten mit einer sehr kleinen Minderheit umsprang.

Ein Kollege von der SPD erzählte mir, dass Besucher immer – wenn sie den Plenarsaal sahen – zuerst fragten, wo die Kanzlerin ihren Platz habe, und danach gleich wissen wollten, wo die beiden Frauen von der PDS säßen.

Stalin im Raucherraum

Stellen Sie sich vor, Sie machen am Ku'damm oder auf dem Alex eine Umfrage. Sie fragen die Passanten, ob sie meinen, dass sich im Reichstagsgebäude Bilder von Stalin und Lenin befinden. Wahrscheinlich würden sich die Befragten entweder kopfschüttelnd umdrehen oder Ihnen einen Vogel zeigen. Doch zu Unrecht!

Die öffentliche Hand ist der größte Kunstsammler und Kunstsponsor. Daraus folgt, dass einerseits vieles ideologisch verbissen entschieden wird, es aber andererseits auch so manche Überraschung gibt.

Nachdem im Juni 1991 der Bundestag mit 17 Stimmen Vorsprung – so viele hatte die damalige PDS-Gruppe – für den Umzug von Parlament und Regierung von Bonn nach Berlin gestimmt hatte, wurden auf allen Gebieten die Planer tätig. Das waren nicht nur Architekten. Auch die Mitglieder der Kunstkommission diskutierten heftig. Die PDS entsandte den Abgeordneten Prof. Heinrich Fink, der heute noch von den hitzigen Debatten berichten kann. Äußerst umstritten war, ob auch Künstler aus der DDR im Bundestag ausgestellt werden durften – sie seien ja schließlich alle Staatskünstler gewesen. Erbittert wurde zum Beispiel über Bernhard Heisig gestritten. Aber immerhin hatte er 1986 Alt-Kanzler Helmut Schmidt auf dessen Wunsch porträtiert. Nach langen Auseinandersetzungen wurde Heisigs Bild »1990« in der Cafeteria platziert.

So war das Gemälde ständig »unter Leuten«, denn Hunger und Durst melden sich irgendwann bei jedem. Eines Tages war das Bild jedoch verschwunden. Ich erkundigte mich bei Kollegen, ob die Gegner von Heisig einen späten Sieg errungen hatten. Nein, war die Auskunft, es sei der Wunsch des Künstlers gewesen. Vielleicht wollte Bernhard Heisig sein Werk aus der Nachbarschaft von Weißwürsten und Bouletten befreien. Es hängt jetzt an exponierter Stelle in der Präsenzbibliothek im Reichstag. Leider wird dieser repräsentative Raum so gut wie nie genutzt. Eine Ausnahme stellen die Plenarsitzungen mit namentlichen Abstimmungen dar. Dann ist die Präsenzbibliothek nämlich für die Schriftführer reserviert, die dort die Abstimmungskärtchen zählen.

Ein Schüler von Heisig, der Künstler Neo Rauch, gestaltete die bereits erwähnte Skulptur »Der Mann auf der Leiter« für das Paul-Löbe-Haus. Sie ist so riesig, dass sie in keinen Raum passt und folglich immer ihren Stammplatz behalten wird. Ich weise meine Gäste auch gern auf ein Kunstwerk von Otto Freundlich hin. Der Bildhauer war am 9. März 1943 im Konzentrationslager Majdanek ermordet worden. Seine Idee, eine Straße des Friedens mit Skulpturen von Paris über Berlin und Warschau nach Moskau zu schaffen, ist bis heute nicht verwirklicht. Das Anliegen ist aber erschreckend aktuell, leider.

Ja, und Stalin? Der Bundestag lud vor Jahren Künstler der vier Siegermächte des Zweiten Weltkrieges ein, Kunstwerke zu schaffen. Im Untergeschoss befindet sich das »Archiv der deutschen Abgeordneten« vom Franzosen Christian Boltanski. Über mehrere Stockwerke hinweg hat die US-Amerikanerin Jenny Holzer eine Leuchtsäule mit Reden aus dem Reichstag und dem Bundestag gestaltet. Der Russe Grisha Bruskin hat im Clubraum aus

115 Einzelbildern »Leben über alles« mit Augenzwinkern, ganz im Stile der russischen Ikonografie gestaltet. Der Künstler stellte Berufe wie die Weinbäuerin und den Arzt dar. Aber es gibt auch Personen aus der Geschichte zu entdecken, Lenin, Juri Gagarin und eben auch Stalin. Der Clubraum dient als Raucherraum. Wegen der Qualmerei musste Bruskins Bild schon restauriert werden. Aber Stalin hat ja auch geraucht, Pfeife und Zigaretten.

★ Zweierlei Maß

Bundespräsident Köhler lehnte 2007 das Gnadengesuch des früheren RAF-Mitglieds Christian Klar ab. Klar wurde unter anderem wegen Beteiligung an der Ermordung von Arbeitgeberpräsident Hanns Martin Schleyer, Generalbundesanwalt Siegfried Buback und dem Bankier Jürgen Ponto zu fünf Mal lebenslang verurteilt. Er saß mehr als 24 Jahre für diese Taten hinter Gittern.

CDU-Generalsekretär Ronald Pofalla sagte der Agentur Reuters, dass er die Entscheidung des Bundespräsidenten begrüße, weil für ihn zur Gnade auch der Aspekt der Reue gehöre. CSU-Generalsekretär Markus Söder nannte im Vorfeld eine Entscheidung Köhlers zugunsten des Häftlings eine schwere Hypothek für seine Wiederwahl. Der frühere Verfassungsgerichts-Vizepräsident Ernst Gottfried Mahrenholz argumentierte hingegen, dass auch ein Lebenslänglicher, der nicht gefährlich ist, der Freiheit wieder teilhaftig werden darf. Dies sei die Intention des Freiheitsgrundrechts. Er fragte auch, warum bei der vielfachen Begnadigung vieltausendfacher Judenmörder keine öffentliche Debatte in Deutschland entstanden sei. Diese Frage veranlasste mich, den Wissenschaftlichen Dienst des Bundestages zu bitten, über die Begnadigungspraxis von Nazi-Verbrechern ein Gutachten zu verfassen. Von den 24 Kriegsverbrechern, die in Nachfolgeprozessen unter der Leitung der US-amerikanischen Militärgerichte in Nürnberg in der Zeit von 1947 und 1949 zu lebenslanger Haft verurteilt worden waren, wurden 63 Prozent zumeist nach 15 bis 20 Jahren begnadigt. Von den 158 Kriegsverbrechern, die von der westdeutschen Justiz zu lebenslanger Haft verurteilt worden waren, wurden 41 Prozent begnadigt. Haben sie Reue gezeigt? Ich weiß nur, dass viele von ihnen ihre »Abenteuer« als Bücher gut verkaufen konnten.

Ich lehne Terrorismus grundsätzlich ab. Er bringt unsägliches Leid und führt in eine Spirale der Gewalt. Folgen sind außerdem oft massive Einschränkungen der Grundrechte der Bürgerinnen und Bürger.

★ *Zwischenfall im Plenarsaal*

Als ich Mitglied im Abgeordnetenhaus von Berlin war, gehörte die Fragestunde meist zum spannendsten Teil der Plenarsitzung. Sie war zwar nicht ganz so berühmt wie die »Prime Minister's Questions« in London, es gab aber in der Fraktion meist einen ziemlichen Wettlauf darum, wessen Fragen auf einen aussichtsreichen Platz kamen, das heißt, welche Frage tatsächlich im Namen der Fraktion gestellt wurde. Die Senatoren – also die Landesminister – mussten Rede und Antwort stehen. Entschuldigungen und Vertretungen wurden nur unter ganz strengen Maßstäben akzeptiert.

Ganz anders im Bundestag. Hier gehört die Fragestunde am Mittwoch zu den langweiligsten und schlechtestbesuchten parlamentarischen Veranstaltungen. Minister sind eher selten leibhaftig zugegen. Parlamentarische Staatssekretäre lesen nichtssagende Antworten vor. Eine Reform der Fragestunde nach britischem Vorbild mit Befragung der Bundeskanzlerin scheiterte übrigens an CDU, CSU und SPD.

In der Zwei-Frauen-Zeit aber nutzten Petra Pau und ich dieses parlamentarische Mittel regelmäßig. Unseren eingeschränkten Rechten trotzend, mussten und wollten wir eben das Mögliche herausholen. Zumal es einen wesentlichen Unterschied zum Abgeordnetenhaus gab: Es wurden nicht die Fraktionen der Reihe nach aufgerufen, sondern die Reihenfolge wurde einem rotierenden System folgend nach den Geschäftsbereichen der Bundesregierung »abgearbeitet«.

Da sich an den uns zugewiesenen Plätzen weder Tisch, Telefon noch Mikrofon befand, mussten wir uns ein Mikrofon suchen. Die Reihen der SPD waren am nächsten. Im September 2003 stellte ich während einer Fragestunde gleich die erste Frage. Der Staatssekretär des Justizministeriums bat die Präsidentin um Erlaubnis, das Mikrofon des Innenministeriums benutzen zu dürfen, damit er mich sehen könne. Er hatte also einen wesentlichen Nachteil unserer Platzierung erkannt, wie ich ihm bescheinigte. Im Protokoll las ich später den Zwischenruf des CDU-Abgeordneten Nooke: »Sie haben doch genug Öffentlichkeit!« Da Petra Pau und ich noch weitere Fragen stellen wollten, setzten wir uns mehr in die Mitte des Saales, um dem Staatssekretär den Blickkontakt zu uns zu erleichtern. Entschlossen stand die einzige anwesende SPD-Abgeordnete auf und forderte mit scharfer Stimme, dass wir uns an den Rand zu setzen hätten. Das ging aber nicht mehr, denn das Frage-Antwort-Verfahren mit der

Regierung hatte bereits begonnen. Der Grund für die Ver-
ärgerung der SPD-Kollegin überzeugte mich nicht: Wenn
wir an ihrem Platz sitzen würden, könnte man uns für
SPD-Abgeordnete halten.

 ## Lobbyisten in den Ministerien

»Sie sind der Staat im Staate«, sagte Günter Grass einst
über Lobbyisten. Die rot-grüne Regierung unter Gerhard
Schröder war offensichtlich der Auffassung, dass der Einfluss der Lobbyisten noch nicht groß genug ist. Sie startete
ganz ungeniert das Programm »Seitenwechsel«. In den
Jahren 2004 bis 2006 waren zwischen 88 und 106 Vertreter
deutscher Großkonzerne, Beraterfirmen und Wirtschafts-
verbände in Bundesministerien tätig und übernahmen
Aufgaben der Behörden. Lobbyisten beteiligten sich an
der Erarbeitung von Gesetzes- und Verordnungsentwür-
fen, an Vergabeverfahren und an Leitungsvorlagen. Einige übernahmen sogar Führungsfunktionen.

Nur ein Beispiel: Von Januar bis August 2003 hatte der
Bundesverband Investment und Asset Management eine
hauseigene Juristin nach Berlin abgestellt, die im Finanz-
ministerium in einem eigenen Büro arbeitete. Nach Infor-
mationen von »Report Mainz« arbeitete die Top-Juristin
an dem Gesetzesentwurf zur Modernisierung des Invest-
mentwesens und zur Besteuerung von Investmentver-
mögen tatkräftig mit. Sie wurde weiterhin vom Lobby-
verband der Fondsgesellschaften bezahlt. Ihre Loyalität
gehörte selbstverständlich dem, der sie bezahlte.

Der Einsatz von Lobbyisten in Bundesministerien hat in
der Öffentlichkeit Zweifel an der Neutralität, der Glaub-
würdigkeit und der Transparenz der öffentlichen Verwal-

tung hervorgerufen. Insbesondere die Befürchtung, dass Eigeninteressen von Konzernen und Wirtschaftsverbänden – von der Öffentlichkeit unbemerkt – weiter in die Entscheidungsprozesse der Bundesministerien einfließen, sorgte zu Recht für Aufregung.

Meine Fraktion brachte dazu einen Antrag in den Bundestag ein. Wir beriefen uns auf das Grundgesetz, worin steht, dass hoheitliche Aufgaben des Staates in der Regel Angehörigen des öffentlichen Dienstes zu übertragen sind. Auch der Bundesrechnungshof teilte unsere Auffassung und schrieb in einem Bericht: »Das Risiko von Interessenskonflikten besteht allerdings in erster Linie bei Beschäftigten von Einzelunternehmen und Verbänden, die naturgemäß eigene, häufig gewinnorientierte Interessen verfolgen.«

Der investigative Journalist Sascha Adamek veröffentlichte über das Programm »Seitenwechsel« das lesenswerte Buch »Der gekaufte Staat«. Es wirbelte einigen Staub auf. Die Bundesregierung musste danach dieses Programm zurückfahren. Der Haushaltsausschuss bekommt jetzt halbjährlich einen Bericht der Bundesregierung über externe Beschäftigte in den Ministerien.

Lobbyisten haben zwar keine Schreibtische mehr in den Ministerien, aber sie verfügen immer noch über sehr viel Einfluss auf die Gesetzgebung. Die Bundesregierung legt uns Parlamentariern noch immer Gesetzesentwürfe vor, aus denen nicht ersichtlich ist, in welchem Umfang welche Lobbyisten mit welchen Zielen mitgearbeitet haben. Parlamentarier müssen aber davon ausgehen können, dass die Gesetzesentwürfe der Regierung auf das Gemeinwohl und nicht auf Eigeninteressen von Konzernen und Verbänden orientiert sind. Lobbyisten dürfen erst im geordneten parlamentarischen Verfahren ihre

Vorstellungen öffentlich vortragen. Ob diese Vorstellungen dann in den Gesetzestext einfließen, muss im Ermessen der Volksvertreter liegen. So die Theorie.

Unsere Fraktion hat immer wieder festgestellt, dass komplette Gesetzespassagen aus Lobby-Papieren übernommen wurden. Häufig reicht auch nur ein Nebensatz, um großen Schaden für die Allgemeinheit hervorzurufen.

Die CDU verweist beim Thema Lobbyismus gern darauf, dass auch die Gewerkschaften oder Greenpeace Lobbyarbeit im Regierungsviertel betreiben. Das stimmt. Doch das ist kein Argument für Lobbyismus, der mit Macht und Geld in den Hinterzimmern Einfluss auf die Gesetzgebung nimmt und sich gegen die Interessen der Mehrheit der Bevölkerung richtet.

 ### *Nichts geht über ein Selfie mit der Kanzlerin*

Im Januar 2005 wurde Hartz IV, eine der gravierendsten Maßnahmen der sogenannten Arbeitsmarktreformen unter Bundeskanzler Gerhard Schröder (SPD), mit den Stimmen von Union und FDP eingeführt. Der Regelsatz für Alleinstehende und Alleinerziehende betrug damals 345 Euro im Westen und 331 Euro im Osten Deutschlands.

Ich traf im März 2005 Betroffene, die für einen Tagesbesuch in den Bundestag gekommen waren und mir ungeschminkt erzählten, welchen dramatischen Einschnitt diese unsoziale Politik für ihr Leben bedeutete. Sie sorgten sich um ihre Zukunft und die Chancen für ihre Kinder. Immer wieder kamen Fragen hoch, wie gerecht eine Gesellschaft mit Menschen umgehe, die ein Leben lang gearbeitet hatten und die nun von dieser Gesellschaft ausgestoßen, ausgeschlossen – einfach abgehängt wurden. Meine Besucher schimpften mächtig auf die Politik. In solchen Momenten Hoffnung zu verbreiten, zu motivieren, sich zu wehren, fällt mir nicht leicht. Ihnen das Gefühl zu vermitteln, dass wir LINKEN uns für sie einsetzen und sie durch uns eine Stimme im Parlament erhalten, hilft ihnen manchmal aus ihrer Ohnmacht.

Zum Programm der Gruppe gehörte auch ein Besuch im Kanzleramt. Ich begleitete sie, und es passierte, was passieren musste. Ein Teil der Gruppe traf die Bundeskanzlerin. Es wurden Fotos mit Angela Merkel gemacht. Jeder wollte ein Selfie mit der Kanzlerin. Und sie nahm sich sogar ein wenig Zeit für diesen ungeplanten Fototermin. Keiner sagte ihr irgendein kritisches Wort. Mir war bewusst, dass meine Besucher in diesem Moment völlig überfordert waren und sich nicht trauten, den Mund aufzumachen. Das zu kritisieren, steht mir nicht zu.

Doch als wir uns am Abend zu einem gemeinsamen Essen in einer Gaststätte trafen, sagte mir eine der Teilnehmerinnen: »Das Schönste an diesem Tag war, dass wir Frau Merkel getroffen haben.« Als mir wegen dieser Bemerkung die Kinnlade herunterfiel, kamen wir noch einmal in eine echte Diskussion.

 ### *Spitzabrechnung*

Worte können wehtun. Spitzabrechnung ist so ein Wort. Ich stelle mir dabei einen Beamten mit weißen Ärmelschonern vor, der mit einer elektrischen Spitzmaschine seinen Bleistift so schärft, dass er bei der Sicherheitskontrolle an jedem Flughafen als Waffe aussortiert werden würde. Mit dieser Waffe nähert er sich den vom Bürger eingereichten

Abrechnungen. Das ist schon beängstigend und könnte an einem Tatort enden.

Finanzminister Schäuble führt den Begriff Spitzabrechnung immer wieder im Munde, wenn es um die Flüchtlingskosten geht. Die Bundesländer fordern zu Recht, dass sich die Bundesregierung stärker an diesen beteiligt. Doch der Finanzminister fürchtet, dass die Kosten seine »schwarze Null« im Bundeshaushalt gefährden könnten. Er will der ganzen Welt zeigen, dass man – wenn man gut wirtschaftet – auch ohne neue Kredite auskommen kann. Allerdings verrät er der Welt nicht, durch welche Tricks er zu seiner »schwarzen Null« gelangt. Allein die niedrigen Zinsen machen es möglich, ohne neue Schulden auszukommen. 2010 wurde von der Bundesregierung noch mit einer Neuverschuldung von 86 Milliarden Euro gerechnet. Die »schwarze Null« sei ihm gelungen, ohne die Steuern anzuheben, so dozierte der Minister im Bundestag. Was er nicht sagt, ist, dass allein bei den Zinsen über 100 Milliarden Euro eingespart werden konnten. Worin also besteht hier die Erfolgsgeschichte? Es gibt sie nicht.

Auffällig ist, dass sich Herr Schäuble immer sehr penibel gibt, wenn es um mehr Kindergeld, mehr Hartz IV, mehr Rente oder mehr Geld für Flüchtlinge geht. Ich habe das Wort Spitzabrechnung aber noch nie im Zusammenhang mit der Bundeswehr gelesen.

Ich wollte zum Beispiel 2016 von der Bundesregierung wissen, welche Kosten bei den Auslandseinsätzen entstanden sind. Das Ergebnis: Die Bundeswehr ist nicht imstande nachzuweisen, an welchen Auslandseinsätzen sie zu welchen Kosten mit wie viel Personal teilgenommen hat. Hat die Bundeswehr keine Buchhaltung?

Dann wollte ich wissen, ob denn die geplanten Kosten für die Auslandseinsätze mit den tatsächlichen Kosten halbwegs übereinstimmen. Die Antwort: 2006 hat die Bundeswehr über 200 Millionen Euro mehr ausgegeben als geplant. 2011 waren es über 600 Millionen Euro. Da frage ich mich: Kann die Bundeswehr nicht rechnen, oder verlangt keiner von ihnen, ordentlich zu rechnen? Diese jahrelangen massiven Mehrausgaben bereiten offensichtlich dem Finanzminister keine schlaflosen Nächte. Es gibt im gesamten Bundeshaushalt kaum Ausgaben, die permanent so unseriös geplant werden wie die für die Auslandseinsätze der Bundeswehr. Diese Kostenexplosionen haben jedoch offenbar System: Die Ausgaben werden vorher künstlich kleingerechnet, um die Zustimmung zu den Einsätzen zu erleichtern.

Die Bundesregierung will bis 2020 10 Milliarden Euro mehr für die Bundeswehr ausgeben. Obwohl der Finanzminister in seiner Haushaltsrede zugab, dass die bisherigen Kriege keinen Erfolg gebracht hätten. Das ist keinem vernünftigen Menschen verständlich. Klar ist doch, dass mehr Geld für die Bundeswehr nicht mehr Sicherheit bringt. Im Gegenteil. Kriege, die man in anderen Erdteilen führt, kommen in der einen oder anderen Form in unser Land zurück.

Warum können wir nicht wenigstens die deutsche Sprache etwas freundlicher machen, indem wir einfach Abrechnung sagen und das »Spitz« weglassen?

 ## *Hartz-IV-Diskussion unterm Kreuz*

Am Freitag, dem 24. Februar 2006, hatte unsere Fraktion zu einer Anhörung über den von uns vorbereiteten Antrag zur Überwindung von Hartz IV in den Bundestag eingeladen. Mehrere hundert Menschen waren gekommen, darunter auch viele, die ich von Montagsdemonstrationen und aus sozialen Bewegungen kenne. Für eine derart große Veranstaltung reicht unser Fraktionssitzungssaal nicht aus. Darum mussten wir im Saal der CDU/CSU-Fraktion unter deren riesigem Holzkreuz tagen. Ich bin sicher, dass ich nicht die Einzige war, der in diesem Zusammenhang die alte Frage einfiel, ob Jesus CDU wählen würde.

Inzwischen sind mehr als zehn Jahre ins Land gegangen, die Spaltung unserer Gesellschaft in Arm und Reich hat sich vertieft. Der Niedriglohnsektor in Deutschland ist der größte in Europa. Zu viele Menschen haben sich mit ihrer Situation abgefunden. Die Montagsdemos gegen Hartz IV finden leider kaum noch statt. Wenn wir über rot-rot-grüne Regierungen diskutieren, müssen wir vor allem auch darüber nachdenken, wie wir die soziale Lage der Menschen verbessern können. Das funktioniert nur über eine breite soziale Verankerung in der Gesellschaft. Rot-Rot-Grün ist kein Label, sondern muss ein Konzept zur sozialen und solidarischen Veränderung der Gesellschaft beinhalten.

 Sommerfest

Die SPD-Fraktion im Bundestag veranstaltet jedes Jahr ein großes Sommerfest und lädt dazu hunderte Menschen ein. Es findet in der Regel im großen Innenhof des Bundestagsgebäudes Unter den Linden 50 statt. Die Vorbereitungen für das Fest laufen schon Wochen vorher auf Hochtouren. Bühnen werden aufgebaut, Stromkabel und Wasserleitungen verlegt. Es wird viel gehämmert, geschraubt, Licht und Ton geprobt. Als wir noch unser

Domizil Unter den Linden hatten, nervte diese tagelange Beschallung natürlich irgendwann.

Also schrieb ich dem Bundestagspräsidenten Wolfgang Thierse einen Brief, aber keine Beschwerde. Im Gegenteil, ich teilte ihm mit, dass wir, die PDS im Bundestag, auch ein Sommerfest planen.

Zwei Tage später war dann die Aufregung groß. Es riefen mindestens fünf Mitarbeiter aus unterschiedlichen Bundestagsverwaltungen an, um mit uns alle Fragen der Vorbereitung des Hoffestes zu besprechen. Uns wurde klargemacht, dass die Planung eines Sommerfestes eigentlich einen wesentlich längeren Vorlauf benötige. Ich konnte alle beruhigen: Der Aufwand würde sich in Grenzen halten.

Am Tag unseres Sommerfestes standen auf dem Innenhof ein kleiner Grill und zehn Stühle. Die Bundestagsbüros der Abgeordneten Pau und Lötzsch waren vollzählig vertreten. Aus einer kleinen Lautsprecheranlage erklangen Tangos. Katrin und Klaus tanzten. Bei Flaschenbier und Bratwürsten hatten wir alle einen schönen Nachmittag. Zwei Herren von der Bundestagspolizei standen unweit des Grills und machten sich so ihre eigenen Gedanken über unser Sommerfest. Nach zwei Stunden war ihr Einsatz ohne Vorkommnisse beendet.

★ Hartz IV – Armut per Gesetz

An dem Tag, als Hartz IV beschlossen wurde, stand ich mit Petra Pau vor dem Bundestag mit einem Transparent: »Gegen Armutsgesetze – PDS im Bundestag«. Ich habe anschließend auf unzähligen Montagsdemonstrationen gegen diese Form des Sozialabbaus gesprochen.

Beispielsweise in Halle-Neustadt. Bei einer abendlichen Diskussionsveranstaltung wurden die Auswirkungen von Hartz IV debattiert. Eine Diskussionsteilnehmerin meinte, dass mancher Arbeitslosenhilfeempfänger mehr Geld habe als jemand, der arbeiten ginge. Das sei doch ungerecht. Ich bin immer wieder erstaunt, wie die, die wenig haben, darauf drängen, dass andere noch weniger bekommen sollen.

Eine junge Frau ist mir in besonders guter Erinnerung geblieben. Sie trat wütend an ein Mikrofon und erzählte, dass sie sich trotz zweier Berufsabschlüsse wie an den Pranger gestellt fühle als jemand, der der Gesellschaft nur auf der Tasche liege. Sie wolle Arbeit, und die Teilnehmer der Veranstaltung stimmten mit ihr im Chor ein: »Wir wollen Arbeit!«

Ich sagte in meiner Rede, Arbeit sei genügend da, sie müsse nur bezahlt werden. Ich war mir schon damals sicher, dass viel mehr Menschen von Hartz IV betroffen sein würden, als es 2005 den Anschein hatte. Ein gigantischer Sozialabbau wurde in Gang gesetzt, der sich auch auf die Lohn- und Rentenpolitik der Bundesregierung auswirkte. Dumpinglöhne und Armutsrenten, von denen keiner im Alter leben kann, sind die Folge. Doch damit nicht genug: Mit diesem »Exportmodell« ringt die Wirtschaft der Bundesrepublik auch die Konkurrenz der europäischen Nachbarn nieder.

Die Gesellschaft in der Bundesrepublik hat sich – so scheint es – damit arrangiert, dass ein großer Teil der Bevölkerung an den äußersten Rand gedrängt wird und am besten aus dem Blickfeld verschwindet. Armut in einem so reichen Land wie Deutschland ist eine Schande, die ich nicht hinnehmen kann und mit der ich mich nie abfinden werde.

★ *Tag der Befreiung*

Bundestagspräsident Lammert eröffnete die Gedenk-
stunde des Bundestages im Jahr 2015 mit den Worten:
»Der 8. Mai 1945 war ein Tag der Befreiung.« Wie gut wäre
es gewesen, wenn er hätte fortfahren können: Und darum
sind wir uns alle einig, dass der 8. Mai ein gesetzlicher Gedenktag werden muss. Immer wieder stellt meine Fraktion den Antrag, den 8. Mai zu einem solchen zu erklären,
und immer wieder wird er von den anderen Fraktionen
abgelehnt. In Bayern, Hessen und Sachsen gibt es einen
Gedenktag für die Opfer von Flucht und Vertreibung. Seit
2015 ist er sogar ein nationaler Gedenktag. Es ist für mich
unbegreiflich, dass man bereit ist, der eigenen Opfer, aber
nicht der Menschen zu gedenken, die uns vom Faschismus befreit haben. Der 8. Mai – der Tag der Befreiung – ist
das Schlüsselerlebnis der Deutschen im 20. Jahrhundert.
Das sollte uns doch einen Gedenktag wert sein.

Ich möchte, dass wir uns mindestens an einem Tag im
Jahr die Zeit nehmen, um über die Ursachen des Zweiten
Weltkrieges zu diskutieren und der über fünfzig Millionen Opfer zu gedenken. Das ist in Anbetracht aktueller
Kriege dringend nötig. In meiner Fraktion hatte ich daher
eine Gedenkveranstaltung zum 70. Jahrestag der Befreiung vom Faschismus im Bundestag angeregt. Über sie-
benhundert Menschen nahmen daran teil, und es wären
gern mehr gekommen, aber die räumlichen Kapazitäten
des Paul-Löbe-Hauses waren ausgeschöpft. Es wurde
eine sehr würdige Veranstaltung. Ich konnte den Botschafter Russlands und Griechenlands und Vertreter der
israelischen und französischen Botschaft begrüßen. Auch
Deutsche, die in den Reihen alliierter Armeen gekämpft

hatten, luden wir ein. Moritz Mebel beispielsweise hatte in Moskau gelebt, als Hitler die Sowjetunion überfiel. Er blieb bis zum letzten Kriegstag Rotarmist. Kurt Gutmann entging der Vernichtung, weil er als Kind nach Schottland geflohen war und als Angehöriger der britischen Armee nach Deutschland zurückkehrte. Werner Knapp war ins Exil nach Prag gegangen, um später als Mitglied eines tschechischen Freiwilligenkorps in der Französischen Armee zu kämpfen.

Gregor Gysi bat mich, den Abend des 70. Jubiläums vorzubereiten. Fünf Jahre zuvor war es uns bereits gelungen, die Alliierten der Anti-Hitler-Koalition zu einer Gedenkveranstaltung zum 65. Jahrestag der Befreiung zu vereinen. Damals hatten Diplomaten aus Russland, Frankreich, Großbritannien und den USA im Theater an der Parkaue gesprochen. Es war eine sehr bewegender Abend. In einer Vorbereitungsrunde sagten mir damals die Diplomaten, es habe bislang noch kein vergleichbares Treffen der Alliierten gegeben.

Fünf Jahre später luden wir erneut die Botschafter Frankreichs, Großbritanniens und der USA ein. Leider haben wir sehr schnell Absagen erhalten. Vermutlich lag das weniger an uns als an der weltpolitischen Lage, denn gleichgültig, wie man zur aktuellen Politik Russlands steht, ändert es doch nichts daran, dass die damalige Sowjetunion die Hauptlast des Krieges trug. Das anzuerkennen und zu würdigen müsste eine Selbstverständlichkeit sein. Doch die Bundesregierung hatte kein Interesse an einer zentralen Veranstaltung zum 70. Jahrestag der Befreiung. Das finde ich beschämend.

INTERNATIONALES

★ Reise ohne Jugendliche?

Ernst Melis rief mich an: »Gesine, wir haben eine Reise nach Frankreich organisiert, aber keine Jugendlichen. Kannst du uns helfen?« Ernst Melis war Präsident des Verbandes Deutscher in der Résistance, in den Streitkräften der Anti-Hitler-Koalition und der Bewegung »Freies Deutschland« e.V. Er wollte mit Kämpfern der Résistance und deutschen Jugendlichen das Dorf Oradour-sur-Glane besuchen. Am 10. Juni 1944 waren durch die Waffen-SS nahezu alle Einwohner Oradours ermordet worden. Es gab nur sechs Überlebende. Zum jährlichen Gedenktag wurden bis dahin nie Deutsche eingeladen. 2004 bestand das erste Mal die Möglichkeit, mit deutschen Jugendlichen an den Ort des Massakers zu reisen. Ich schaltete mehrere Anzeigen in befreundeten Tageszeitungen und hatte damit Erfolg. Die Reise wurde für die Jugendlichen zu einem prägenden Erlebnis.

Ein Jahr später organisierte ich selbst eine Reise an Orte des antifaschistischen Widerstandes. Zwölf Jugendliche meldeten sich an. Gemeinsam fuhren wir mit zwei Kleinbussen nach Brüssel. Dort trafen wir viele Zeitzeugen, wie zum Beispiel Michel van der Borght. Er eröffnete den Rundgang im Nationalen Widerstandsmuseum mit den Worten: »Entschuldigen Sie mein Deutsch, aber

ich war nur dreißig Tage in deutscher Gefangenschaft.«
Im ersten Raum waren ein schwerer Schraubenschlüssel
und ein Kantschu, eine aus Leder geflochtene Riemen-
peitsche, ausgestellt. Michel und die anderen Partisanen
wussten zu jener Zeit von zwei Zügen, in denen sich
deutsche Offiziere und Soldaten auf der Rückreise vom
Urlaub befanden. Mit diesen Werkzeugen und dem Einsatz von Sprengstoff brachten sie beide Züge zeitgleich
zum Entgleisen. Das war der erste Teil der Geschichte.
Den zweiten Teil erfuhr Michel van der Borght nach dem
Krieg in Deutschland, wie er uns erzählte. Er hörte eines
Abends in einem Lokal die gleiche Geschichte von einem
anderen Beteiligten. Jener Mann saß damals in einem der
beiden Züge. Durch die Detonation verlor er zuerst das
Bewusstsein und dann ein Bein. Nie werde er diese Geschichte vergessen, denn was er dann von seinem Gegenüber in der Kneipe erfuhr, war unglaublich. Beide Männer
begriffen, dass sie zum gleichen Zeitpunkt am selben Ort
gewesen waren. Nur auf verschiedenen Seiten. Obwohl
der Belgier mitverantwortlich war für den Verlust, den
der Deutsche erlitten hatte, wurden sie Freunde. Diese
Geschichte hat uns alle berührt.

Nicht nur die Jugendlichen, sondern auch ich habe viel
gelernt und neue Freunde in Belgien gefunden. Mir war
klar, dass eine solche Reise für Jugendliche lebendiger ist
als jedes Geschichtsbuch und jede Unterrichtsstunde. Mir
war auch klar, dass man solche Reisen nicht einfach im
Reisebüro buchen kann. So beschloss ich, jedes Jahr gemeinsam mit jungen Menschen eine Reise auf den Spuren des europäischen Widerstandes durchzuführen. Ich
gründete den Verein »Zivilcourage vereint« und war mit
insgesamt über hundert Jugendlichen in Spanien, Italien,
Griechenland, Österreich, Slowenien, Serbien und Kroa-

tien unterwegs. Alle Reisenden engagieren sich auf unterschiedliche Weise gegen Rassismus, Antisemitismus, Faschismus und Fremdenfeindlichkeit. Jugendliche bewerben sich mit Theaterstücken, eigenen Songs, Ausstellungen und Ähnlichem. Finanziert wurden und werden diese Reisen durch Spenden. Jedes Jahr tragen Abgeordnete meiner Fraktion, die Rosa-Luxemburg-Stiftung und Genossinnen und Genossen mit dazu bei, dass diese Reisen stattfinden können. Ernst und seine Frau Reina Melis sind inzwischen verstorben. Ihre Söhne François und Charles Melis unterstützen mit dem Erbe ihrer Eltern unseren Wettbewerb und loben in jedem Jahr einen Platz für unsere Reise aus. Dafür bin ich sehr dankbar.

★ *Manolis Glezos wartet am Flughafen*

Es war am Mittwoch, dem 22. Oktober 2008. Wir landeten mit 25 Minuten Verspätung in Athen. Als wir mit unseren Koffern kurz vor Mitternacht die Eingangshalle des Flughafens betraten, standen dort knapp dreißig grauhaarige Männer und Frauen, die uns herzlich mit Rosen begrüßten. Alle waren Widerstandskämpfer, Durchschnittsalter achtzig Jahre, die gegen die deutsche Okkupation im Zweiten Weltkrieg gekämpft hatten. Der bekannteste unter ihnen, Manolis Glezos, war damals 19 Jahre alt, als er unter den Augen der Wehrmacht mit seinem Freund die Nazi-Flagge von der Akropolis holte und die griechische Fahne hisste. Er gab damit das Signal für den Kampf gegen die Besatzer. Kämpfer blieb er sein ganzes Leben lang. Nun stand dieser unglaublich charismatische Mann mit seinen 86 Jahren vor uns und hielt eine kurze Rede, um uns zu begrüßen. Ich erwiderte ebenso herzlich diese Geste. Wir waren alle gerührt, und wir hatten ein schlechtes Gewissen. Sie hatten lange auf uns gewartet, um uns zu begrüßen. Nach nur zehn Minuten saßen wir bereits wieder im Bus. Ich habe Tobias, einen Teilnehmer unserer Reise, gefragt, ob er sich vorstellen könne, in so hohem Alter auf einem Flughafen eine Stunde oder mehr zu warten, um zehn Minuten eine Jugenddelegation aus dem Ausland zu begrüßen. Nicht nur aus dem Ausland, sondern aus Deutschland. Aus dem Land, aus dem eine Armee kam, die unfassbares Leid nach Griechenland brachte. Tobias schüttelte nur den Kopf. Manolis erzählte uns später, dass er im Flughafen angefragt hatte, ob er einen VIP-Raum für die Delegation bekommen könne. Das ist bei Empfängen von Parlamentariern üblich. Doch das griechische Außenministerium hatte ohne Begründung abgelehnt.

Unsere Gruppe bestand aus 14 Jugendlichen aus ganz Deutschland. Für sechs Tage waren wir auf den Spuren der griechischen Partisanen unterwegs. Damon war unser Reiseleiter. Beim Abendbrot erhob er bestimmt zehnmal sein Rotweinglas, um auf alle Teilnehmer der Reise anzustoßen. So lernte er gleich die Namen unserer Gruppe. Das erste griechische Wort, das wir nicht im Wörterbuch nachschlagen mussten, hieß: »Jamas« – zum Wohl! Damon hat viele Jahre in München gelebt. Er ist Deutschlehrer, Reiseführer, Bergsteiger und überzeugter Antifaschist. Er war lange Zeit bei der PASOK (Sozialdemokraten) und wechselte vor einigen Jahren zu SYRIZA.

Bei einem weiteren Treffen mit Manolis Glezos erklärte er uns die Forderungen der ehemaligen Widerstandskämpfer an die Bundesregierung: Rückgabe der archäologischen Schätze, die durch SS und Wehrmacht gestohlen wurden. Rückzahlung einer Zwangsanleihe, die Hitler von Griechenland abgepresst hatte. Reparationszahlungen, die mit dem Londoner Abkommen von 1953 bis zu einem Friedensvertrag zurückgestellt und bis heute noch nicht an Griechenland geleistet wurden. Und Entschädigung für die Hinterbliebenen der Opfer der Massaker. Keine dieser Forderungen wurde bis heute erfüllt.

An diese Reise muss ich immer wieder denken, wenn im Bundestag über Griechenland diskutiert wird. Während der Finanzkrise forderte ein CDU-Politiker die griechische Regierung auf, doch ihre Inseln zu verkaufen, um ihre Schulden bezahlen zu können. Solche und noch weit schlimmere Demütigungen waren täglich in den hiesigen Zeitungen zu lesen. In Anbetracht deutscher Verbrechen in Griechenland sind derartig skrupellose Politikeräußerungen unerträglich.

Eine Inschrift aus Charkow

Der aus Bayern für sechs Jahre in die Ukraine entsandte Lehrer Wolfgang hatte sich Anfang 2003 hilfesuchend an die Berliner Mitglieder des Bundestages gewandt. Er wollte mit seinen ukrainischen Schülerinnen und Schülern nach Deutschland reisen, aber das Budget war recht knapp, und für einen Abstecher nach Berlin wollte das ewig eifersüchtige München keinen Euro dazugeben. Berlin sehen – das war der sehnlichste Wunsch der Kinder. Also bat er die Berliner Bundestagsabgeordneten um Hilfe bei der Suche nach einem günstigen Quartier. Ich war die Einzige, die ihm antwortete und auch helfen konnte. In der Bornitzstraße in Lichtenberg wurde gerade unter Regie des Vereins publicata e.V. auf dem weitläufigen Gelände eines ehemaligen Kindergartens eine

Begegnungsstätte von deutschen und ausländischen Gästen gemeinsam ausgebaut. Ein Quartier für die Jugendlichen war also gefunden. Aber es sollte noch mehr Unterstützung geben, damit die Reise ein voller Erfolg werden konnte. Die BVG spendierte Fahrkarten für die Dauer des Aufenthalts. Michael Grunst, damals Vorsitzender des Jugendhilfeausschusses, und Michael Räßler, unser damaliger Jugendstadtrat in Lichtenberg, halfen bei der Abholung der Kinder am Bahnhof. Allerdings trafen sie dort auf einen aufgelösten Lehrer, denn es stellte sich heraus, dass ein Pass auf der weiten Strecke verloren gegangen war. Micha und Micha fahndeten erfolgreich nach dem Ausweis, und so konnte der Berlinaufenthalt doch noch für alle ein Erlebnis werden.

Ein Höhepunkt war für die Kinder der Besuch des Reichstagsgebäudes. Staunend und fast andächtig ließen sie die Blicke über zahlreiche kyrillische Inschriften wandern. Wenn sie einen Spruch entziffert hatten, gab es Gesprächsstoff, um von zu Hause zu erzählen, von Großvätern oder anderen Verwandten, die im Krieg gekämpft hatten. Plötzlich zeigte einer der Jungen ganz aufgeregt auf die hinter Glas gesicherten Inschriften. Er rief die ganze Klasse und seinen Lehrer zu dieser Wand. Die Schüler entdeckten eine Inschrift aus Charkow, aus der Ukraine, ihrer Heimat! Einer von ihnen hatte es also 1945 bis hierher in den Reichstag geschafft. Ich sah Stolz in den Blicken der Kinder, und ich war froh, dass sie während ihrer Reise diesen Augenblick erleben konnten.

Wenn ich heute Bilder aus der Ukraine sehe, aus diesem zerrissenen Land, das zum politischen Spielball geworden ist, muss ich an diese Kinder denken. Sie waren optimistisch, hatten Pläne für ihr Leben. Jetzt sind sie erwachsen. Wie leben sie – und leben sie überhaupt?

★ *Porto Alegres Exportschlager*

Ende Januar 2005 fand das fünfte Weltsozialforum in Porto Alegre, einer der größten Städte Brasiliens, statt. Rund 120 000 Teilnehmer diskutierten über Themen wie die Zukunft des Wassers und solidarisches Wirtschaften. Ich war dabei, mittendrin in Foren, die je nach Temperament sehr hitzig oder auch sachlich und ruhig verliefen. Wichtig war jedoch allen, dass sie die Welt verändern, verbessern wollen, nur das Wie war noch nicht ganz geklärt.

Ich hatte von einem Bürgerhaushalt erfahren, den Porto Alegre schon seit einigen Jahren praktizierte. Darüber wollte ich mehr wissen und schlug meiner Gruppe am letzten Tag unseres Aufenthaltes spontan vor, die Stadtverwaltung zu besuchen. Man nahm uns diesen »Überfall« nicht übel, im Gegenteil, wir wurden sehr freundlich empfangen. Es kommt nicht alle Tage vor, dass eine Gruppe aus Deutschland mal eben vorbeischaut und sich für den Bürgerhaushalt interessiert. Dank unserer hervorragenden Dolmetscherin Sina konnten wir unser Anliegen schnell erklären. Die Mitarbeiter der Stadtverwaltung suchten für unsere Gruppe Materialien in allen Sprachen zusammen. Unterlagen aus erster Hand im Original zu bekommen, um die Ideen nach Hause zu tragen, das wollten schließlich alle.

Diese Art der Bürgerbeteiligung wurde noch im gleichen Jahr in einem Modellprojekt in zwei Berliner Bezirken eingeführt, darunter auch in meinem Wahlkreis Lichtenberg. Die Rosa-Luxemburg-Stiftung begleitete das Projekt wissenschaftlich. Die Grundidee war und ist, dass sich die Bürgerinnen und Bürger aktiv mit ihren Ideen bei der Planung des Haushalts einbringen. Dafür steht ein Budget sogenannter »steuerbarer« Ausgaben im Bezirkshaushalt zur Verfügung, über die die Einwohner selbst entscheiden können. Der Bürgerhaushalt ist ein flexibles System und lebt einerseits von den Ideen der Menschen, andererseits vom Interesse und der Bereitschaft von Politik und Verwaltung, das Verfahren mit Inhalten zu füllen und umzusetzen. Seit der Einführung des Bürgerhaushalts in Lichtenberg gab es über 830 Vorschläge, von denen heute 437 Realität sind: z. B. öffentliche Toiletten in der Rummelsburger Bucht, mehr Parkbänke, Kulturprojekte und vieles andere mehr.

Wir haben in Lichtenberg verschiedene Erfahrungen mit dem Bürgerhaushalt gesammelt, gute und weniger gute. Wir haben gelernt, dass die Umsetzung von Bürgerideen keinem starren Prozedere unterliegen darf. Der Bürgerhaushalt muss vielmehr auf veränderte Rahmenbedingungen reagieren und auch mal neue Wege gehen, um aus Erfahrungen zu lernen. Unsere ehemalige Bezirksbürgermeisterin Christina Emmrich ist jahrelang mit diesem Exportschlager aus Porto Alegre durch Deutschland gereist, um von den Lichtenberger Erfahrungen zu berichten. Inzwischen haben sich viele Kommunen in Deutschland unserem Beispiel angeschlossen.

 ## »*Das hat Joschka Fischer nie geschafft!*«

Mit diesen Worten stellte mich Hubert Erb, Medienberater des US-Oberbefehlshabers für Europa, den dreißig Stabsoffizieren des US-Hauptquartiers für Europa und Afrika vor, als wir uns vor dem Plenarsaal des Bundestags in die Arme liefen. Er spielte damit auf das gewonnene Direktmandat an.

In meiner Zeit im Berliner Abgeordnetenhaus hatte ich als Vertreterin meiner Fraktion regelmäßig an den Diskussionen mit den US-amerikanischen Gästen teilgenommen. Dreimal pro Jahr organisierte Hubert Erb politische Bildungsreisen nach Berlin. Für die bei Stuttgart stationierten Amerikaner war das oft die allererste Gelegenheit, mit Ostdeutschen und PDS-Politikern zu diskutieren und unsere Sicht auf die Probleme bei der Wiedervereinigung Deutschlands zu hören. Es waren meistens sehr angeregte, teils kontroverse Debatten.

Da auch Petra Pau an jenem Tag gerade am Plenarsaal vorbeikam, lernten die US-Offiziere die vollständige PDS-Vertretung im Bundestag kennen.

Kochen, essen, mehr verstehen

Es ist eigentlich eine Binsenweisheit: Gemeinsames Kochen und Essen führt meist dazu, sich besser zu verstehen und Neues kennenzulernen. Aber das Allerwichtigste ist doch: es macht immer großen Spaß. Wir haben an verschiedenen Orten mit Gästen gekocht, gegessen und von ihnen gelernt.

Unser erstes Wahlkreisbüro in der Ahrenshooper Straße hatte eine zwar nicht gerade moderne, aber immerhin recht große Küche. Das brachte uns auf die Idee, zu einem »Internationalen Küchenstudio« einzuladen. Schließlich wohnen in Lichtenberg Menschen aus der ganzen Welt. Normalerweise sagt man ja »Kochstudio«, und einige Oberschlaue fragten mich, ob wir jetzt nebenbei mit Küchen handeln. Im Oktober 2004 starteten wir mit bulgarischem Essen. Unsere Köchin, eine gebürtige Bulgarin, hatte als Unterstützung ihre beste Freundin, eine Russin, mitgebracht. Es gab Schopska-Salat und einen typischen Eintopf, Gjuwetsch. Bulgarien ist seit 2007 Mitglied in der Europäischen Union – und leider ihr ärmstes. Schon 2004 berichteten uns unsere Gäste, wie sie mit bescheidenen Mitteln und einem großen Anteil an Selbstversorgung und Improvisation versuchen, ihr Leben zu meistern.

Eine Chinesin, die seit langem in Deutschland lebt, bereitete ein köstliches Gericht mit Fisch und Meeresfrüchten zu. Sie erzählte uns, wie sie als Kind in Shanghai die Nachwirkungen der deutschen Kolonialzeit erlebt hatte.

Der peruanische Dichter und Poet José Pablo Quevedo brachte uns seine Heimat in Gedichten und mit einer hervorragenden Tortilla näher.

Beim kongolesischen Abend wurde es musikalisch. Bernard sang in fünf Sprachen: Lingala, seiner Muttersprache, Swahili, Tschiluba, Kiniaruanda und Wolof. Das Kochen kam trotzdem nicht zu kurz. Bernards Rezept »Kochbanane mit Hähnchen« inspirierte mich später für meinen Beitrag in dem Buch »Das Parlament kocht«, einer Initiative des Tre Torri Verlages. Aus meiner Fraktion beteiligten sich auch Oskar Lafontaine und Gregor Gysi als Hobbyköche an diesem Buch. Gregor hatte sich für ein Lieblingsrezept aus seiner Kindheit entschieden – gefüllte Paprikaschoten. Bei einer Kochshow im Artrium des Linden-Centers in Hohenschönhausen servierten Gregor und ich unsere Gerichte dem interessierten Publikum. Zu solchen Veranstaltungen kommen Menschen, die nie zu einer Versammlung gehen würden.

Im Linden-Center haben wir übrigens auch mit Kostas Papanastasiou, bekannt als Wirt aus der »Lindenstraße«

Der Kommisar kocht: Der Schauspieler Peter Sodann kochte mit mir im Lichtenberger Linden-Center.

und Betreiber des Restaurants Terzo Mondo, gekocht. Er erzählte von der schwierigen Situation in Griechenland und trat wirkungsvoll dem Gerede von den angeblich faulen Griechen entgegen.

Ein besonderer Höhepunkt war ebenso der polnische Abend mit Edith und Frank Wagner, beide Germanisten. Es gab Barszcz, klare Rote-Bete-Suppe, und natürlich Bigos. Rote Bete gilt ja inzwischen als »Superfood« – ist aber leider auch sehr fleckenintensiv. Edith und Frank Wagner waren in den 50er Jahren die ersten, die als Deutschlehrer nach Polen gehen durften. Man darf nicht vergessen, dass der mörderischen Überfall Deutschlands auf Polen erst wenige Jahre zurücklag und noch lange im Gedächtnis der Menschen blieb.

Dass Lichtenberg das Zentrum der vietnamesischen Community ist, wissen selbst viele Berliner nicht. Der Verein der Vietnamesen hat in der Kultschule in der Sewanstraße seinen Sitz, in den Bibliotheken gibt es vietnamesische Bücher und in der Musikschule vietnamesische Musikinstrumente. Ein besonderer Anziehungspunkt für ganz Berlin ist das Handelszentrum in der Herzbergstraße. Wen wundert es, dass ein vietnamesischer Kochabend im Wahlkreisbüro nicht fehlte.

Es folgten russische, armenische, kurdische und abchasische Abende. Sie waren immer ein Genuss, gewürzt mit neuen Erkenntnissen und Freundschaften.

Später entdeckten wir im Café Maggie, einer Jugendbegegnungsstätte in der Frankfurter Allee, dass es dort eine sensationelle – von einer Lichtenberger Firma gespendete – Küche gab. Um den riesigen Küchenblock herum fanden wesentlich mehr Menschen Platz als in unserem alten Wahlkreisbüro. Mit dem Botschafter von Equador kochten wir dort ein herzhaftes Fischgericht. Die Hauptsache aber war, dass wir viel darüber erfuhren, wie sich die Länder Lateinamerikas gegen die Großmacht USA zu behaupten versuchen. Und immer wieder formulierte der Botschafter den Appell: Wir wollen Zusammenarbeit auf Augenhöhe.

Im August 2016 stellten wir in Zusammenarbeit mit der Havanna-Bar in Karlshorst den Film »Die Kraft der Schwachen« vor. Tobias Kriele hat ein beeindruckendes Porträt des kubanischen Jungen Jorgito aus Camagüey geschaffen, der mit einer schweren Behinderung zur Welt kam. Dank des kubanischen Gesundheitssystems und der Tatkraft seiner Familie kämpfte er sich nicht nur ins Leben, sondern wurde sogar Aktivist bei der Unterstützung der »Cuban Five«. Die Frage, die Tobias Kriele besonders umtrieb, lautete: Wieso kann ein so armes Land wie Kuba diesen Jungen so unterstützen, und wieso hängt beim reichen Nachbarn USA alles vom persönlichen Geldbeutel ab? Eindrucksvoll erzählte Tobias Kriele von seiner gemeinsamen Reise mit dem Jungen in die USA, die nur mit Hindernissen zustande kam.

Am Büfett mit kubanischen Spezialitäten äußerten die Gäste den Wunsch, solche Filme auch im Fernsehen zu sehen. Essen, Kochen, mehr verstehen – dazu gehen uns auch in Zukunft die Ideen nicht aus.

Zur Wahl durch den Checkpoint

Am 9. Januar 2005 fanden in Palästina Präsidentschaftswahlen statt. Zusammen mit je einem Abgeordneten von SPD und FDP war ich als Beobachterin vor Ort. Als fraktionslose PDS-Abgeordnete wurden wir bei Delegationsreisen eigentlich nicht berücksichtigt. Allerdings hatte ein ehemaliger Mitarbeiter unserer Fraktion von dieser Reise erfahren und auch, dass sich nicht genügend Teilnehmer gefunden hatten. Also stellte ich die Verwaltung des Bundestages wieder einmal vor eine große Denksportaufgabe. Schlussendlich befürwortete der Vorsitzende des Auswärtigen Ausschusses, Volker Rühe, meinen Reiseantrag, und es konnte losgehen.

Wir drei sahen den Sinn unserer Reise darin, das Recht der Palästinenser, sich einen eigenen Repräsentanten zu wählen, zu unterstützen. Die Frage, ob unter den Bedingungen von Checkpoints, Mauern und Absperrungen, die zu eingeschränkter Bewegungsfreiheit der Wahlberechtigten führten, überhaupt ordnungsgemäße Wahlen stattfinden konnten, war für mich von besonderem Interesse. Die EU unterstützte die Wahlen mit großem Engagement, aber nicht alle waren an einem Erfolg interessiert. Zwar hatte die israelische Armee angekündigt, sich für

72 Stunden aus den besetzten Gebieten zurückzuziehen, doch diese Ankündigung blieb ein leeres Versprechen. Wie immer kontrollierten israelische Soldaten die Straßen rund um die palästinensischen Städte und Dörfer. Es war weder abzusehen, ob ein Checkpoint offen oder geschlossen war, noch ob neue sogenannte »flying checkpoints« eingerichtet würden. Auch unser Diplomatenauto wurde mehrfach kontrolliert. Dabei hatte ich den Eindruck, dass sich die jungen Soldatinnen und Soldaten mindestens genauso unsicher und unwohl fühlten wie wir. Besonders kompliziert war die Lage für die 120 000 Palästinenser in Ostjerusalem. Nur 6000 von ihnen durften in sechs Postämtern wählen. Alle anderen mussten hierfür die Stadt verlassen. In den Wahllokalen funktionierte alles tadellos. Die Wahlvorstände bestanden ausschließlich aus Lehrerinnen und Lehrern, die diese Arbeit als eine Ehre empfanden. In Deutschland werden hingegen zu jeder Wahl händeringend Wahlvorstände gesucht.

Während dieser kurzen Reise sind wir in den verschiedensten Teilen des Landes gewesen. Und wir haben eine Mauer gesehen, die mit acht Metern erschreckend hoch ist. Diese Mauer hindert zum Beispiel Schüler daran, eine angesehene – auch von Deutschland unterstützte – Schule zu besuchen, da der Schulweg eine Tagesreise in Anspruch nimmt.

Meine Reise als Wahlbeobachterin ist nun schon über zehn Jahre her. Leider hat sich die Situation in der Region nicht verbessert, sondern eher verschärft. Jetzt wird sogar noch eine unterirdische Mauer gebaut. Bei den verheerenden aktuellen Krisen hat die Weltöffentlichkeit die Situation der Palästinenser leider aus dem Blick verloren.

★ Taliban in Nadelstreifen

Am 7. Mai 2010 ging es im Bundestag heftig zur Sache über die sogenannten Hilfspakete für Griechenland. Die Bundesregierung schlug in Wahrheit ein großes Kürzungspaket vor. Ich sprach mich in meiner Rede dagegen aus. Wie sollte ein Kürzungspaket Griechenland wieder auf die Beine helfen? Seit wann entsteht Wachstum durch Massenentlassungen, Lohn- und Rentenkürzungen? Diese Frage wollte Frau Merkel nicht beantworten. Es war klar, dass es nicht um Griechenland ging, sondern um die Landtagswahl in Nordrhein-Westfalen. CDU und CSU wollten den Wählerinnen und Wählern zeigen, wie rigoros sie gegen Griechenland vorgehen. Die von der Bundesregierung beschlossene Rosskur verschärfte die Krise dort weiter und wälzte die Kosten auf die Menschen ab, die am wenigsten Schuld daran trugen. Dagegen tat die Bundesregierung nichts gegen die Spekulanten, die die Finanzkrise von 2008 verursacht hatten. Ich bezeichnete die Spekulanten in meiner Rede als »Taliban in Nadelstreifen«. Das löste eine riesige Empörung bei CSU, CDU und Teilen der SPD aus. Wer sich jedoch die katastrophalen Folgen der Finanzkrise weltweit anschaute, verstand sofort, was ich meinte. Bundestagspräsident Dr. Norbert Lammert leitete die Sitzung und rief mich zur Ordnung: »Frau Kollegin Lötzsch, Sie haben vorhin in Ihren Ausführungen mit Blick auf internationale Finanztransaktionen zu einem Vergleich mit Terroristen gegriffen, den ich für maßlos halte und deswegen rüge.« (Beifall bei der CDU/CSU und der FDP sowie bei Abgeordneten der SPD.) Ich bin heute noch der Überzeugung, dass wir von Teilen der Finanzindustrie nach allen Regeln der Kunst ausgenommen werden und die Risiken dieser gefährlichen Geschäfte wieder auf der Allgemeinheit lasten. Dabei gehen sie ohne Rücksicht auf Verluste vor. Ich denke zum Beispiel an die Spekulanten, die Lebensmittel verknappen und die Preise in schwindelerregende Höhe treiben und damit Hungersnöte befördern.

Die größte Frauentagsfeier der Welt

Ich gebe zu, dass mir der Frauentag in der DDR nicht so wichtig war. Aber seit der vierten Klasse hatte ich eine Brieffreundin in der Sowjetunion und wunderte mich immer, warum mir Swetlana in jedem Jahr zum 8. März herzliche Glückwünsche zum Frauentag schickte. Mir, einem Mädchen von zehn Jahren. Später erfuhr ich, dass der Internationale Frauentag in der Sowjetunion ein gesetzlicher Feiertag war und dass die Glückwünsche von Swetlana von ganzem Herzen kamen. Offenbar vermisste ich dieses Gefühl, wenn meine männlichen Kollegen an der Humboldt-Universität diesen Tag als Pflichtübung gestalteten. Traditionen zu bewahren hat für mich etwas Gutes und Sinnvolles, aber sie sollten auch eine Herzensangelegenheit sein.

Nach der Wende begriff ich, dass der Frauentag weniger ein Feier- denn ein Kampftag ist.

Seit über zehn Jahren lade ich um den 8. März herum zweihundert Frauen in den Bundestag ein. Es sind immer fünfzig Gäste pro Tag. Wir feiern also vier Tage lang. Zur Begrüßung gibt es ein Sektfrühstück, danach eine Führung durch den Bundestag mit Besichtigung der Kuppel, Mittagessen, Besuch eines Ministeriums oder einer Buchlesung, Stadtrundfahrt und Abendessen. Diese Feiern sind sehr beliebt. Viele Frauen melden sich Monate vorher an. Schon im Januar sind wir völlig ausgebucht.

Der Frauentag 2005 bleibt mir besonders in Erinnerung: Ich lud 25 Mandatsträgerinnen der PDS ein und bat sie, engagierte Frauen aus ihrem Umfeld mitzubringen. Ich glaube, nicht nur ich war beeindruckt von den Lebensgeschichten dieser Frauen. Mut, Erfahrung, Kraft, ausgestoßen sein aus der Gesellschaft und sich wieder hineinkämpfen – das wurde fünfzig Mal eindrucksvoll deutlich. Besonders schön war es, dass sich Frauen wiedertrafen, die sich zwanzig Jahre nicht gesehen hatten. Ich hatte unsere Stadtführerin gebeten, bei ihrer Tour besonders auf das weibliche Gesicht der Stadt einzugehen. Wir hörten vieles aus der Geschichte. Hoch her ging es im Frauenministerium. Die Frauen hatten einfach keine Lust, sich etwas über erwartete positive Auswirkungen von Hartz IV anzuhören. Sie haben andere Erfahrungen und verlangen vom Frauenministerium, Lobbyistin für die Frauen zu sein. Zum Abendessen trafen wir uns noch mit unserer Lichtenberger Bürgermeisterin Christina Emmrich. Alle Frauen, ob aus Speyer, Bochum, Schwerin, Jena oder Hagenow, fuhren mit dem Gefühl nach Hause, dass es lohnt, sich gegenseitig Kraft und Mut zu geben.

Brexit aus der Nähe

Selbst die Feierlichkeiten zum 90. Geburtstag der Queen konnten die Frage nicht völlig in den Hintergrund drängen: Wird Großbritannien die Europäische Union verlassen oder nicht? Um mir einen Eindruck von der aktuellen Diskussion zu verschaffen, verbrachte ich im April 2016 zweieinhalb Tage in London.

Von Berlin nach London – ein Katzensprung. Der Flug dauert nur eine Stunde, und gerade deshalb staunte ich, wie vieles doch anders ist, wie viel für uns Widersprüchliches auffällt. Zum einen existiert – seit 1948 – ein geradezu sozialistisches Gesundheitssystem, der »National Health Service«. Auf der anderen Seite gibt es keinerlei Mieterschutz. Es ist durchaus üblich, dass Mietverträge nur über jeweils ein halbes oder ganzes Jahr abgeschlossen werden. Mit einem normalen Gehalt bekommt man in London kaum noch eine bezahlbare Wohnung. Es gibt Schuluniformen für Kinder und Jugendliche, die keine Konkurrenz um die angesagtesten Markenjeans zulassen. Und doch gibt es Studiengebühren, die die Familien stark belasten.

Premierminister David Cameron hatte vor der Wahl im Mai 2015 ein Referendum über die EU versprochen, um die Konservativen hinter sich zu versammeln. Doch das Gegenteil passierte.

Im Parlament traf ich den Abgeordneten Andrew Tyrie von den Konservativen in seinem Großraumbüro. Er ist Vorsitzender des Treasury Committees und gilt als Rebell in seiner Fraktion. Er sah den Rücktritt des Premierministers Cameron voraus. Die Konservativen seien in der Europa-Frage tief gespalten. Cameron sei der Einzige in seiner Partei, der gegen den Austritt Großbritanniens wirklich kämpfe. Sein Parteifreund Boris Johnson, damals Bürgermeister von London, war der populistische Anführer für den Brexit. Tyrie sagte über ihn: »He was never good on details.« Doch Johnson brauchte kein fundiertes Wissen, um bei der Kampagne erfolgreich zu sein. Mark Carney, Chef der Bank of England, prophezeite, dass das Pfund an Wert verlieren und die Zinsen für Kredite steigen würden.

Paul Johnson, Direktor des Instituts für Finanzen, sagte mir, dass er den Verlust durch den Brexit pro Haushalt auf 4300 Pfund schätze. Fast alle Ökonomen warnten vor den wirtschaftlichen Folgen eines Ausstiegs Großbritanniens aus der Europäischen Union. Doch fundierte Argumente spielten keine große Rolle. Die öffentliche Debatte wurde von einer Frage bestimmt: Haben wir nach der Entscheidung mehr oder weniger Immigranten?

Nach dem Referendum zeigt sich, dass Großbritannien ohne Immigranten nicht auskommt. Rund 2,1 Millionen EU-Ausländer arbeiten im Vereinigten Königreich, mehr als 750 000 davon sind Polen. Ein Londoner sagte mir klipp und klar, dass das Handwerk in Großbritannien ohne Polen zusammenbrechen würde.

Labour, die britische Arbeiterpartei und Gegenspieler der Konservativen, trat für den Verbleib in der EU ein, wollte aber nicht als Unterstützer von Cameron dastehen. Dieser Zwiespalt machte die Partei nahezu handlungsunfähig.

Viele Menschen demonstrierten gegen die Kürzungspolitik des Premierministers. Die bereits beschlossenen Sozialleistungskürzungen für Behinderte wurden schleunigst zurückgenommen, um die Brexit-Entscheidung nicht negativ zu beeinflussen. Die Menschen gingen dennoch auf die Straße. Sie verbanden mit der konservativen Regierung vor allem Sozialabbau.

Bei der Befragung Camerons im Parlament, an der wir teilnahmen, sahen wir, dass das Parlament so gar nicht die bunte Lebenswirklichkeit auf den Straßen abbildet. Ein Abgeordneter hatte einen arabischen Namen, einer afrikanische und unsere Gesprächspartnerin von Labour indische Wurzeln. Ansonsten dominierten ältere weiße Männer.

Bei der Abstimmung am 23. Juni 2016 brachten viele Menschen ihre Unzufriedenheit mit ihrer derzeitigen Lebenssituation in ihrem Land zum Ausdruck. Die EU spielte eine untergeordnete Rolle. Am darauffolgenden Tag war in Großbritannien die häufigste Anfrage bei Google: Was ist die EU?

Ein Feiertag für Europa

Europa ist in schlechter Verfassung. Ein Sondergipfel der Regierungschefs jagt den nächsten. In der Regel trennen sich die Politiker ohne Ergebnisse. Und jeder normal denkende Mensch fragt sich doch, warum ist das so? Der Alleingang der Kanzlerin bei der Banken- und Eurokrise hat Europa gespalten. Der deutsche Finanzminister hat mit besonderer Härte sein Kürzungsprogramm gegenüber Griechenland verfolgt. Er traf sich mit seinen europäischen Kollegen fast wöchentlich, um den Griechen die falsche Medizin zwangsweise zu verabreichen. Die Nebenwirkungen – um im Bild zu bleiben – sind katastrophal. Der Bundesregierung ging es nie darum, Griechenland wirklich aus der Krise zu helfen. Das Land ist wirtschaftlich für Europa unbedeutend. Nein, der Finanzminister wollte ein Exempel statuieren. Alle anderen EU-Staaten sollten sehen, was passiert, wenn sie Schäubles Kürzungsauflagen nicht erfüllen. Dieser Kurs vertieft die Gräben. Bei der Aufnahme der Flüchtlinge ging dann gar nichts mehr. Misstrauen, Bürokratie und Egoismus regieren jetzt in der Europäischen Union. Immer mehr Menschen verlieren das Vertrauen in diese Institution. Nach einer Befragung der Europäischen Kommission sind 54 Prozent der Befragten der Auffassung, dass ihre Stimme in der

EU nicht zählt. Das ist ein Alarmzeichen, und man muss sich fragen, hat die Europäische Union noch eine Überlebenschance? Ich weiß es nicht, ich weiß nur, dass wir uns von der bisherigen elitären Politik verabschieden müssen. Die Europäerinnen und Europäer müssen selbst zu Wort kommen.

Doch wie kann ein Europa von unten funktionieren? Ein grundlegendes Problem ist, dass viel zu wenige Menschen über Ländergrenzen hinweg ins Gespräch kommen. Ich könnte mir vorstellen, dass wir einen gemeinsamen Feier- und Gedenktag in Europa beschließen. Diese Idee hat meine Fraktion aufgenommen und als Antrag in den Bundestag gebracht. Der Weltfriedenstag, der 1. September, ist aus meiner Sicht ein geeignetes Datum für einen gemeinsamen europäischen Feiertag. Trotz aller Differenzen in Europa will die Mehrheit ein friedliches Miteinander. Der 1. September, der Weltfriedenstag, erinnert uns an den Beginn des schrecklichsten Krieges in der Geschichte der Menschheit – den Zweiten Weltkrieg. Ich bin dafür, dass man diesen Feiertag nicht nur auf die Europäische Union beschränkt, sondern ganz Europa, also auch Russland, einbezieht.

In Lichtenberg haben Gregor Gysi und ich im Sommer 2016 unseren Antrag vorgestellt. Danach gab es ein Konzert »Musik statt Krieg« mit dem Sänger Tino Eisbrenner und seinen Freunden. Ich habe mir vorgenommen – egal wann der Feiertag beschlossen wird – im nächsten Jahr den Weltfriedenstag wieder zu feiern.

★ Wo sind die Russen-Flüche geblieben?

Als ich im April 2005 mit zwei Veteranen der Roten Armee den Reichstag besuchte, sahen wir uns natürlich auch die Inschriften an, die die sowjetischen Soldaten 1945 hinterlassen hatten. Boris Otschkin und Alexander Orlow waren als Gäste der Rosa-Luxemburg-Stiftung in Deutschland. Sie wunderten sich, dass manches fehlte. »Wo sind die Flüche geblieben?«, wollten sie wissen. Ich erzählte ihnen, wie heftig die Diskussionen um die sogenannten »Russen-Graffiti« geführt worden waren. Besonders CDU- und Grünen-Abgeordnete attackierten das Konzept des britischen Architekten, Sir Norman Foster, der den Reichstag als »Geschichtslesebuch« verstanden wissen wollte. Viele Inschriften wurden dennoch bei der Sanierung des Gebäudes beseitigt. Die 159 im Reichstag erhaltenen Graffitis von Rotarmisten erregten aber immer noch Anstoß. So schrieb der *Spiegel* im Juni 1999, dass sie »für einige deutsche Abgeordnete unerträglich« seien.

Die Befreiung vom Faschismus ist mehr als siebzig Jahre her. Damals waren meine Gäste junge Männer, knapp zwanzig Jahre alt. Ist es nicht zutiefst menschlich, nach allem Leid, das die Faschisten den Völkern antaten, dass die Angehörigen der Roten Armee ihr Glück, ihre Wut und ihren Triumph an den Wänden des Reichstages hinterließen? Viele Rotarmisten haben nach dem Krieg als Offiziere den Neubeginn des kulturellen und sozialen Lebens in Deutschland organisiert, zum Beispiel das erste Konzert unter dem Dirigat von Wilhelm Furtwängler oder einen Boxkampf mit Max Schmeling ermöglicht. Das sollten wir nie vergessen.

★ Unterton beim ZDF

Das ZDF berichtete im September 2014 in der Nachrichtensendung »heute« über die Ostukraine und zeigte Kämpfer mit Hakenkreuz und SS-Rune am Stahlhelm. Der Korrespondent ließ diese Bilder unkommentiert. Er sprach nur von »Freiwilligenbataillonen aus nahezu jedem politischen Spektrum.« Daraufhin erreichten mich viele Beschwerden. Zuschauer rügten die unkommentierte Verbreitung verfassungswidriger Kennzeichen. In einem anderen Fall wurde eine Bewohnerin aus Donezk gezeigt. Nach der ZDF-Übersetzung soll sie gesagt haben: »Merk dir mein Gesicht, Poroschenko! Ich werde persönlich nach Kiew kommen und dich und deine Familie umbringen!« Tatsächlich sagte sie aber: »Geht weg von hier! Lasst uns in Ruhe! Ich will leben und meine Kinder in Frieden erziehen.«

Als Mitglied des ZDF-Fernsehrats bat ich um eine Stellungnahme und eine Berichtigung. ZDF-Chefredakteur Peter Frey reagierte auf meine Fragen ausgesprochen ungehalten und war vom »Unterton« befremdet. In einem Brief an mich schrieb er, dass er den ersten Vorgang als vertretbar eingestuft habe. Bei dem zweiten Vorgang ginge es nicht um Manipulation, sondern um eine falsche Montage authentischer Aussagen. Mich interessierte, warum diese Fehler nicht in einer der folgenden Sendungen richtiggestellt wurden. Darauf antwortete mir Frey, dass man die Fehler auf Facebook und Twitter transparent gemacht habe. Der durchschnittliche ZDF-Zuschauer ist aber in einem Alter, in dem er Facebook und Twitter in der Regel nicht nutzt, deshalb war diese Korrektur in diesen Medien im Grunde wertlos und versteckt. Der

Vorsitzende des ZDF-Fernsehrates, der CDU-Politiker Ruprecht Polenz, erklärte, dass der Fernsehrat die Berichterstattung aus der Ukraine und Russland ausdrücklich gewürdigt und unterstützt habe. Bei den Äußerungen Lötzschs habe es sich um eine Einzelmeinung gehandelt.

Leider war es wirklich so, dass ich oft die einzige im Plenum des Fernsehrats war, die kritische Fragen stellte. Vielleicht lag es daran, dass ich weder zum Freundeskreis der SPD noch zum Freundeskreis der CDU/CSU gehörte. 2014 kritisierte das Bundesverfassungsgericht die Konzentration von Parteien im ZDF-Fernsehrat. Das Ergebnis ist, dass kein Vertreter der LINKEN mehr im ZDF-Fernsehrat sitzt, wenn man vom derzeitigen Chef der Staatskanzlei Thüringens einmal absieht. Hinzu kommt, dass viele Vertreter von gesellschaftlichen Gruppen eindeutig bestimmten Parteien zuzuordnen sind. Von Parteiferne kann also nicht die Rede sein.

Nach vier Jahren ZDF-Fernsehrat muss ich sagen, dass es mir schwerfällt, diesen Sender in der Öffentlichkeit zu verteidigen. Die Kritik am gebührenfinanzierten öffentlich-rechtlichen Rundfunk wird lauter. Ich halte ihn dennoch für unentbehrlich in unserer Demokratie. Doch die Chefetage des ZDF ist berauscht von guten Einschaltquoten und so wenig bereit, ehrliche Kritik anzunehmen, dass einem angst und bange werden kann. Damit liefert das ZDF Lobbyisten der kommerziellen Sender, wie z. B. Herrn Seehofer, die Munition gegen den öffentlich-rechtlichen Rundfunk. Das ist keine gute Entwicklung.

Vorname

Name

Straße und Hausnummer

PLZ und Ort

E-Mail-Adresse

Geburtsdatum   Beruf

Alle persönlichen Angaben werden vertraulich behandelt und nicht an Dritte weitergegeben.

☐ Bitte senden Sie mir Ihren regelmäßigen Newsletter per E-Mail zu.

☐ Bitte senden Sie mir Ihr aktuelles Verlagsprogramm kostenfrei und unverbindlich.

Deutsche Post

ANTWORT

Eulenspiegel Verlagsgruppe
EUVERGE GmbH
Leserservice
Markgrafenstraße 36

10117 Berlin

EULENSPIEGEL VERLAGSGRUPPE

Liebe Leserin, lieber Leser,

herzlichen Dank, dass Sie sich für unser Buch entschieden haben. Damit Ihnen unsere Produkte auch in Zukunft Freude bereiten, haben wir vier Fragen an Sie.

1. Welchem Buch haben Sie diese Karte entnommen?

_____

03/17

2. Wie hat Ihnen dieses Buch gefallen?
(Bewertung in Schulnoten):

☐ 1 sehr gut ☐ 2 gut ☐ 3 befriedigend ☐ 4 ausreichend ☐ 5 mangelhaft ☐ 6 ungenügend

3. Ich interessiere mich für:

☐ Krimi ☐ Humor / Unterhaltung
☐ Sport ☐ Politik / Zeitgeschehen
☐ Kinderbuch ☐ Biografien
☐

Ihre Meinung ist uns wichtig!

4. Wie haben Sie vom Buch erfahren?

☐ Besprechung in den Medien
☐ Anzeigen / Werbung
☐ Veranstaltung / Lesung
☐ Buchkataloge
☐ Empfehlung (persönliche oder Buchhändler)
☐ beim Stöbern im Buchhandel entdeckt
☐ als Geschenk erhalten

★ *Wladimir Gall –*
Im Goldenen Buch von Spandau

Spandau ist zwar einer der 12 – früher der 23 – Berliner Bezirke, fühlt sich aber selbst als eine »besondere politische Einheit«.

Anfang der 90er Jahre stattete unsere Fraktion im Abgeordnetenhaus allen Westberliner Bezirken einen offiziellen Besuch ab. Wir wollten damit zeigen, dass wir uns für die ganze Stadt zuständig fühlen und nicht nur die Vertreter des Ostteils sind. Besonders in Erinnerung ist mir der Besuch beim Bürgermeister in Spandau geblieben. Dort wurden wir empfangen wie eine offizielle Delegation aus einem befreundeten Land. Im Ratskeller wurde ein Essen für uns gegeben. Auch sonst hat Spandau allerlei Besonderheiten zu bieten. Übrigens, einen Taxifahrer, der eine Fahrt »von Spandau nach Berlin« ablehnte, habe ich selbst getroffen.

Bekannt ist Spandau für seine Zitadelle aus dem 16. Jahrhundert. Dass die Zitadelle noch heute eine Attraktion ist, haben wir vor allem zwei mutigen Männern zu verdanken. Einer war der sowjetische Kulturoffizier und Germanist Wladimir Gall. In den letzten Kriegstagen 1945 näherten sie sich als Parlamentäre mit weißer Flagge der Zitadelle, um die Vertreter der Wehrmacht zum Aufgeben zu überreden und weiteres Blutvergießen zu vermeiden. Das war nicht ungefährlich, denn viele Parlamentäre bezahlten solche Aktionen mit dem Leben. Wladimir Gall und Major Grischin gelang es in zähen und mühevollen Verhandlungen, die Kommandierenden der Wehrmacht zu überzeugen. Dadurch wurden Tausende Menschenleben gerettet.

Ein enger Freund von Wladimir Gall war der Regisseur Konrad Wolf. Die Familie Wolf emigrierte 1933 aus Hitler-Deutschland. Mit 17 trat Konrad Wolf in die Rote Armee ein. Viele seiner Erlebnisse aus der Kriegszeit verarbeitete er in dem Film »Ich war neunzehn«. Wladimir Gall war das Vorbild für die Figur des Gregor Hecker, der von Jaecki Schwarz gespielt wurde. Gall selbst leitete nach dem Krieg die Kulturabteilung der Sowjetischen Militäradministration in Halle, bevor er nach Moskau zurückging.

Später besuchte er Berlin noch häufig. Wir trafen uns eines Tages, und ich bewunderte ihn. Er sprach ein sehr kultiviertes, facettenreiches, geradezu literarisches Deutsch. Er nahm an unserer jährlichen Veranstaltung »Lesen gegen das Vergessen« teil und ging auch in hohem Alter noch lange auf Lesereisen durch Deutschland.

Ich bin froh, dass Spandau nicht vergessen hat, was es Wladimir Gall verdankt. Am 1. Mai 2005 fand im Fürstenzimmer der Zitadelle ein Festakt statt, bei dem sich Gall in das Goldene Buch der Stadt eintrug. Bürgermeister Konrad Birkholz von der CDU versicherte ihm, er könne das unbesorgt tun – das Buch enthalte keine braunen Flecken. Weitsichtige Menschen hatten es 1933 verschwinden und erst 1945 wieder auftauchen lassen. Die Dankesrede von Wladimir Gall war so amüsant wie lehrreich. So wollte er, der Leiter der Kulturabteilung der SMAD, unbedingt alle deutschen Schlagertexte auswendig können. Bis heute ginge ihm »Ich hab mich so an dich gewöhnt« nicht aus dem Kopf, wenn er an Spandau denke.

Seit kurzem erinnert eine Gedenktafel an der Zitadelle an die Leistung von Gall und Grischin.

Ich habe diese Geschichte von Wladimir Gall aufgeschrieben, weil sie mir persönlich am Herzen liegt und keinesfalls nur auf die Vergangenheit zielt. Siebzig Jahre nach dem Ende des Zweiten Weltkrieges ist das Verhältnis zwischen Deutschland und Russland wieder stark belastet. Alte Denkmuster, medial befeuert, haben wieder Hochkonjunktur. Das Ringen um den Frieden ist bedrohlich aktuell.

★ *Martha aus Griechenland*

Faulheit hatten CDU- und CSU-Politiker den Griechen vorgeworfen. Angela Merkel empörte sich, dass die Griechen mehr Urlaub machten als die Deutschen. Das stellte sich zwar ziemlich schnell als eine Ente heraus, doch diese Töne wurden aufgenommen und durch einige Medien böswillig verstärkt.

Mir war klar, dass die schwierige wirtschaftliche Situation durch konservative und sozialdemokratische Politiker in Griechenland verursacht worden war. Aber auch deutsche Politiker haben durch die Rosskur mit Renten- und Lohnkürzungen ihren Anteil an der Verschärfung der Krise. Übrigens haben wir in der Bankenkrise 2008 keine Sozialkürzungen im Bundestag beschlossen. Auf Drängen der LINKEN wurde sogar ein kräftiges Konjunkturprogramm gestartet. Damit wurde das Schlimmste verhindert.

Ich lud 2012 die arbeitslose Griechin Martha für ein Praktikum in den Bundestag ein. Ich wollte mehr über das Leben und den Alltag in Griechenland erfahren, wo Martha zuletzt Deutsch unterrichtet hatte. Sie war fünf Jahre lang nur als Vertretungslehrerin angestellt und erhielt dafür 450 Euro im Monat. Jeden Sommer wurde sie entlassen und wusste nicht, ob sie im neuen Schuljahr an ihrer Schule würde bleiben können. Von ihrem Einkommen konnte sie sich keine eigene Wohnung mieten und musste wieder bei ihren Eltern einziehen. Auch ihre Schwester verdiente nur ein Taschengeld, obwohl sie voll arbeitete. Die Renten ihrer Eltern wurden um zwanzig Prozent gekürzt. In der Apotheke bekäme man nur Medikamente, wenn man sie gleich selbst bezahle, erzählte Martha. Außerdem gäbe es immer mehr Menschen, die obdachlos auf der Straße lebten und bettelten. Auf vielen Veranstaltungen berichtete Martha vom Leben in Griechenland. Sie wollte das negative Bild, das in den Medien verbreitet wurde, ändern.

Ein ARD-Journalist erfuhr zufällig von Marthas Praktikum im Bundestag. Als der konservative Premierminister Andonis Samaras zu Krisengesprächen in das Kanzleramt kam, stand Martha vor der Absperrung und sagte in das ARD-Mikrofon, dass sie nicht faul sei und sehr gerne arbeiten würde, aber einfach keine Arbeit finden könne und deshalb ihr Heimatland, wie viele andere junge Menschen, wahrscheinlich verlassen müsse. Das hat sie dann auch getan.

 ### Extraausgabe des Spiegel für Fidel Castro

Ich liebe Buch- und Zeitungsläden und stöbere gern in den Regalen nach Neuerscheinungen. Stets verlasse ich meine Lieblingsbuchhandlung mit einem neuen Buch oder einer neuen Zeitschrift. Im Sommer 2016 fiel mir ein Sonderheft des *Spiegel* in die Hände. 122 Seiten, eine komplette Ausgabe, war einem Mann zum 90. Geburtstag gewidmet. Zu diesem Zeitpunkt wusste ich natürlich nicht, dass dies auch sein letzter Geburtstag sein würde: Fidel Castro. Das Heft lockte mit dem Titel: »Kuba und der ewige Revolutionär Fidel Castro«.

Ich betrachtete das Heft mit einem Schmunzeln. Schon der erste Artikel der Ausgabe, die »Hausmitteilung«, bescheinigte dem »Comandante«: »Nach der Revolution von 1959 galt er vielen Menschen als Hoffnungsträger, der eine gerechte Gesellschaft versprach. Einiges ist ihm gelungen, die Alphabetisierung der Bevölkerung etwa und eine Basis-Gesundheitsversorgung für alle.« Eine schmallippige Wertschätzung des kubanischen Bildungs- und Gesundheitswesens – aber immerhin.

2011 gratulierten Klaus Ernst und ich als Parteivorsitzende der LINKEN Fidel Castro zu seinem 85. Geburtstag und lösten mit unserem Glückwunschschreiben einen medialen Sturm der Entrüstung aus. Der *Spiegel* dröhnte damals, dass unsere Glückwünsche »kein kritisches Wort zur Einparteienherrschaft, zu willkürlichen Inhaftierungen von Dissidenten oder etwa zur unterdrückten Presse- und Meinungsfreiheit« beinhalteten. Hat der *Spiegel* die Glückwünsche der Bundeskanzlerin an Castro hinterfragt?

Ich bin überzeugt, dass man soziale Menschenrechte nicht von persönlichen Freiheitsrechten trennen kann. Nur, wo sollte die Revolution anfangen, und wie konnte sie sich während der über fünfzigjährigen Blockade der USA weiterentwickeln?

Die Kubanerinnen und Kubaner haben dem internationalen Druck widerstanden und enorme sozialpolitische Errungenschaften erkämpft, die sie auch nach dem Zusammenbruch der Sowjetunion verteidigten. Seit 1959 existiert in Kuba ein geradezu einmaliges Sozial- und Gesundheitswesen. Vor 1959 gab es auf der Insel etwa

6000 Ärzte. Heute sind in Kuba rund 65 000 Ärzte registriert. Die Kindersterblichkeit lag 2015 mit 4,7 pro 1000 Lebendgeburten deutlich unter der der USA mit 6,7.

Der *Spiegel* wundert sich in seiner Castro-Biografie, dass der äußere Feind Kubas – die USA – und seine wichtigste Waffe – die Blockade – die Gesellschaft so lange zusammengeschweißt hätten. Auch wenn deutsche Journalisten das Auseinanderdriften der kubanischen Gesellschaft im Zuge eines wirtschaftlichen Reformprozesses prophezeien, gibt es auf der Insel »längst noch nicht eine Situation von Ungleichheit wie in lateinamerikanischen Großstädten«. Es gibt keine Favelas und auch keine Villenviertel hinter Mauern, so Bert Hoffmann vom Institut für Lateinamerika-Studien in Hamburg.

Die Blockade bröckelt. Bei seinem Kuba-Besuch im Sommer 2016 erklärte Barack Obama den Isolationskurs für gescheitert und gestand »unilaterale« Fehler ein. Zu seinem 90. Geburtstag preist das Heft Fidel mit seinem Credo: »Am Ende müssen die Menschen einsehen, dass wir standhaft gewesen sind, unsere Überzeugung und unsere Unabhängigkeit verteidigt haben, Gerechtigkeit üben wollten und rebellisch gewesen sind.«

ZWISCHEN ANSCHLUSS UND VEREINIGUNG

★ *Tierpark für alle!*

Der Tierpark Friedrichsfelde hat viele Superlative zu bieten. Er ist mit 160 Hektar Fläche der größte Landschaftstierpark Europas. Zu den Superlativen gehört aber leider auch, dass immer wieder um seinen Erhalt gekämpft werden muss.

Im Jahr 1990, als bereits alle Weichen in Richtung deutsche Einheit gestellt waren, wurde in Berlin heftig darüber diskutiert, wie viele »Doppelstrukturen« man sich leisten könne. Beide Teile der Stadt hatten ihre Rolle in der Systemauseinandersetzung verloren. Die DDR, die ihre Hauptstadt herausgeputzt hatte, war untergegangen. Die alte Bundesrepublik sah keine Veranlassung mehr, Westberlin, ihr »Schaufenster des Westens«, zu stützen.

Die Diskussion um die »Doppelstrukturen« wurde in der Öffentlichkeit nach dem Motto geführt, wieso brauchen die in Ostberlin Oper, Universität etc., wenn wir doch im Westen schon alles haben. Bei dieser Debatte geriet auch der Tierpark ins Visier. Schließlich gäbe es den Zoo in der Nähe des Ku'damms. Dazu passte, dass dem langjährigen Direktor des Tierparks, Prof. Heinrich Dathe, am 10. Dezember 1990 mit Verweis auf den Einigungsvertrag die Kündigung geschickt wurde. Vollzug innerhalb von vier Tagen inklusive Kündigung der Dienstwohnung. Unterschrieben hatte diese Kündigung sowohl die Ostberliner als auch die Westberliner Innenverwaltung. Eine gemeinsame Stadtregierung gab es erst ab 1991. Heinrich Dathe verstarb am 6. Januar 1990, wenige Tage nach dem Rausschmiss aus seinem Lebenswerk. Der Trauerzug zu seiner Beisetzung war endlos.

Eine weitere Strategie bestand darin, dem Tierpark Attraktionen zu rauben. Die Fraktion der PDS in der Bezirksverordnetenversammlung Lichtenberg kämpfte entschlossen dagegen an, so auch für den Erhalt der Schlangenfarm.

Im Sommer 2002 trat der damalige Finanzsenator Thilo Sarrazin von der SPD mit einem pikanten, jedoch aussichtslosen »Konsolidierungsvorschlag« an die Öffentlichkeit. Der Tierpark sollte geschlossen und die Flächen verkauft werden. Für viele Menschen war das eine Provokation, insbesondere für diejenigen, die dort viele freiwillige Aufbaustunden geleistet hatten.

Der Erhalt des Tierparks ist eine Seite der Medaille, seine Zugänglichkeit für alle die andere. Anfang des Jahres 2016 wurde die sogenannte Rabattgruppe 2 – die für Schwerbehinderte und Menschen mit geringem Einkommen – aus finanziellen Erwägungen abgeschafft. Die LINKE sammelt seit Monaten Unterschriften für eine Petition an den Regierenden Bürgermeister mit der Aufforderung, den Tierpark auskömmlich zu finanzieren.

Ich bin seit vielen Jahren Mitglied von Fördergemeinschaft und Tierparkbeirat. Wenn ich zum Jahreswechsel mit einer Neujahrskarte mit einem der über 7000 Tiere Werbung für den Tierpark mache, verlose ich auch immer Jahreskarten. Damit helfe ich ein klein wenig, unsere Forderung »Tierpark für alle!« mit Leben zu erfüllen.

⭐ *Stromausfall im Schloss Bellevue*

Nach der Maueröffnung am 9. November 1989 und dem sehr schnell darauf folgenden Beitritt der DDR zur BRD hatten die Ostdeutschen sicher sehr unterschiedliche Erwartungen. Viele waren euphorisch, andere eher skeptisch. In einer Frage waren sich aber die meisten einig: Der technische Fortschritt in Westdeutschland und Westberlin hatte eindeutig Vorsprung gegenüber dem Osten.

Darum wird mir mein erster Besuch im Schloss Bellevue immer in Erinnerung bleiben. Bundespräsident Richard von Weizsäcker, in früheren Zeiten Regierender Bürgermeister von Westberlin, hatte unter anderem Abgeordnete und Mitarbeiter aus Stadtverordnetenversammlung und Abgeordnetenhaus zu einem Konzert in Bellevue eingeladen. Zwei sehr talentierte kleine Mädchen spielten Geige. Gut, dass sie keine Noten brauchten. Denn mehrmals fiel das Licht aus. Nach dem ersten, zweiten und dritten Stromausfall wurde das Konzert unterbrochen, dann beherzt im Dunklen fortgesetzt. Zumindest die Teilnehmer, die aus dem Osten stammten, verloren an diesem Abend etwas von ihrem Fortschrittsglauben.

Wenn schon beim Staatsoberhaupt das Licht ausfiel – was hatte man dann noch alles zu erwarten?

»Völkerstadien oder so«

Berlin verändert sich ständig. Nicht jede neue Baustelle löst Freude aus. Auch der BND, der für das Ausland zuständige Bundesnachrichtendienst, hat sich ein großes Quartier bauen lassen. Um die Berliner von dessen

Notwendigkeit zu überzeugen, wurde gern erzählt, hier entstünde ein ganz neues Stadtviertel mit Cafés und Geschäften. Da könne man auch als Normalbürger – so nebenbei – etwas über die Arbeit der Geheimdienste erfahren und mehr Vertrauen zu ihnen gewinnen. Das überzeugte wohl nicht jeden, denn während der Bauphase fanden immer wieder Sabotageaktionen statt. Einmal wurden alle Wasserhähne abmontiert und so der gesamte Komplex geflutet. Mir ist nicht bekannt, dass sich die Urheber dieser Aktion jemals zu ihren Motiven geäußert haben. Waren es Geheimdienstgegner oder Verteidiger des Standortes Pullach?

Ich kann mich jedoch gut an die CSU-Kritik am geplanten Umzug des BND von Pullach nach Berlin erinnern. Ein Kollege wollte wissen, wie man denn auf den Standort »Völkerstadien oder so« gekommen sei. »Sie meinen Stadion der Weltjugend«, warf ich ein. »So etwas gibt es in Bayern nicht. In Bayern gibt es nur vernünftige Sachen«, konterte er. Na ja, darüber kann man geteilter Meinung sein. Auf jeden Fall haben die Bayern erreicht, dass der BND eine Außenstelle in Pullach behält.

Die LINKE setzt sich für die Abschaffung der Geheimdienste ein. Jede Stunde in den Untersuchungsausschüssen zu NSA und NSU liefert dazu weitere Argumente.

 Ost- und West-Orden

Im Mai 2005 verlieh der Regierende Bürgermeister von Berlin, Klaus Wowereit, im Auftrag des Bundespräsidenten das Verdienstkreuz 1. Klasse an Kurt Goldstein. Kurt war Ehrenpräsident des Internationalen Auschwitz-Komitees. Bereits in früher Jugend erlebte er die Ächtung durch die Nationalsozialisten, als Jude und als Kommunist. Kurt war einer von 5000 deutschen Kämpfern in den Internationalen Brigaden Spaniens. Seit 1996 ist er spanischer Ehrenbürger. In seiner Erwiderung auf die sehr gute und klare Rede Wowereits, der noch einmal den 8. Mai als Tag der Befreiung gegen alle ewig Gestrigen verteidigte, erzählte Kurt Folgendes: Vor zehn Jahren gab die Wochenzeitschrift *Zeit* eine Beilage heraus, in der sie jeweils fünf deutsche Interbrigadisten und fünf deutsche Angehörige der Legion Condor vorstellte. Die ehemaligen Condor-Leute hatten hohe Renten und wurden mit Orden geehrt. Den Interbrigadisten war die Spanienzeit von ihrer Rente abgezogen worden.

Ein weiteres Beispiel:

Ich hatte ein Ordensverfahren für Ernst Melis, den damaligen Vorsitzenden des Verbandes Deutscher in der Résistance in den Streitkräften der Anti-Hitler-Koalition und der Bewegung »Freies Deutschland« (DRAFD), mit dem Ziel eingeleitet, seine Lebensleistung zu würdigen. Ernst Melis hatte sich große Verdienste im Kampf gegen den Faschismus erworben und noch mit über neunzig Jahren aktiv in die aktuellen Geschichtsdebatten eingegriffen. Ich erinnere mich an seinen Brief an Bundeskanzler Schröder, in dem Melis sich über diskriminierende Formulierungen im Verfassungsschutzbericht über den VVN-BdA e.V. beschwerte. Zu diesem Verband der Verfolgten des Naziregimes gehörte unter anderen auch Kurt Julius Goldstein.

Mein Vorschlag, Ernst Melis auszuzeichnen, wurde von Klaus Wowereit befürwortet und an den Bundespräsidenten weitergeleitet. Doch Horst Köhler lehnte den Vorschlag ohne Begründung ab. Damit gab ich mich nicht zufrieden. Eine schriftliche Ablehnung kam – nach mehreren heftigen Telefonaten – dann doch noch aus dem

Bundespräsidialamt. In dem Schreiben hieß es: »Das Engagement von Herrn Melis zur Aufarbeitung der NS-Zeit reicht bereits weit in die Zeit der ehemaligen DDR zurück und wurde dort mit hohen staatlichen Auszeichnungen anerkannt. Sein heutiges Engagement im Rahmen der DRAFD stellt insoweit im Wesentlichen eine Fortsetzung seines schon zu DDR-Zeiten gewürdigten Engagements dar. Eine erneute Auszeichnung dieser Verdienste mit dem Verdienstorden widerspräche daher den o. g. Grundsätzen.« Das ist wirklich bemerkenswert: Das Bundespräsidialamt erkennt die Auszeichnungen, die im »Unrechtsstaat« verliehen wurden, als gleichwertig an. Auch wenn ich über die Ablehnung verärgert war, habe ich mich über diese Aussage etwas gefreut.

Attac?, attac? Attacke!

Die beiden kleinen Landesrundfunkanstalten ORB (Ostdeutscher Rundfunk Brandenburg) und SFB (Sender Freies Berlin) mussten Anfang der ooer Jahre vereinigt werden, um finanziell überleben zu können. Rund die Hälfte aller Landesrundfunkanstalten sind für mehrere Bundesländer zuständig, der MDR zum Beispiel für Sachsen, Sachsen-Anhalt und Thüringen oder der SWR für Baden-Württemberg und Rheinland-Pfalz. Die Verhandlungen waren nicht einfach. Der ORB hatte mit großem Elan neue Sendeformate für Brandenburg entwickelt und fürchtete, vom alteingesessenen SFB untergebuttert zu werden. Die Beschäftigten beider Sender verfolgten sehr unterschiedliche Interessen. Die eine Seite hatte sich neue Spielräume erkämpft, die andere Seite hegte die berechtigte Furcht, alle Segnungen der »Zitterprämien« zu verlieren, die zu Zeiten erkämpft wurden, als Westberlin noch den Titel »Frontstadt« trug. Beschäftigte im alten Westberlin erhielten mit jedem Monatsgehalt eine steuerfreie Zulage, die das Arbeiten hinter der Mauer attraktiv machen sollte. Auf das Nettogehalt bezogen, machte die »Zitterprämie« schon mal einen Anteil von rund zwölf bis fünfzehn Prozent aus.

Als Vorsitzende des entsprechenden Parlamentsausschusses für Medienpolitik war es mein Anliegen, den Rundfunkrat zu modernisieren. Einige Verbände, die dort Sitz und Stimme hatten, schienen mir doch etwas aus der Zeit gefallen. Bei einem Treffen mit den Kollegen aus Brandenburg unterbreitete ich den Vorschlag, dem globalisierungskritischen Netzwerk attac einen Platz anzubieten. Daraufhin fragte der CDU-Vertreter, was das denn wäre. Er rief: »Ich kenne nur: Attacke!«, und streckte seine Faust aus.

 ## Sozialistische Wärmestuben

Als der Berliner CDU-Fraktionschef Klaus Landowsky kurz vor der Fusionsabstimmung 1996 über die Vorteile der Ländervereinigung von Berlin und Brandenburg sprach, sagte er, man werde »mit dem eisernen Besen in mancher sozialistischen Wärmestube« fegen. Am 5. Mai 1996 scheiterte die Hochzeit. Die CDU schob die Schuld auf Brandenburg. Die Berlinerinnen und Berliner hätten für die Fusion gestimmt. Was nicht ganz der Wahrheit entsprach, denn Ostberlin entschied sich gegen die Fusion, was immer wieder aus gutem Grund verschwiegen wird.

Ich war als Berliner Abgeordnete Mitglied im Ausschuss Berlin-Brandenburg. Doch dort wurden die Details des Staatsvertrages nicht verhandelt und die PDS blieb außen vor. Als wir den fertigen Staatsvertrag in den Händen hielten, war uns klar, dass wir gegen ihn stimmen würden. Wir waren der Meinung, dass die Menschen mit diesem Fusionsvertrag die Katze im Sack kaufen würden. Zu viele Dinge waren nicht geregelt. Die Erfahrungen mit dem Einigungsvertrag saßen den Ostdeutschen noch tief im Gedächtnis. Alles, was nicht präzise im Einigungsvertrag vereinbart worden war, wurde häufig von der Bundesregierung im Nachgang gegen die Ostdeutschen geregelt. Davon können die in der DDR geschiedenen Ehefrauen ein Lied singen. Ihr Problem wurde im Einigungsvertrag vergessen und seit dessen Inkrafttreten von allen Bundesregierungen ignoriert.

Die Sorge war also berechtigt, dass sich eine neue vereinigte Landesregierung Berlin-Brandenburg, die im Wesentlichen durch Westberliner Eliten geprägt worden wäre, gegen die Interessen der Ostdeutschen richten würde. Allein die gigantische Verschuldung des Landes Berlin wäre auf das gemeinsame Land übergegangen. Auch das politische Personal der neuen Regierung war im subventionierten und durch Korruption geprägten Westberlin aufgewachsen. Ihnen wurde einfach nicht zugetraut, dass sie ein gemeinsames Land Berlin-Brandenburg gut regieren könnten. Und dieses Misstrauen erwies sich als gerechtfertigt: 2001 kam es zum größten Bankenskandal in der Berliner Geschichte. Der, der die sozialistischen Wärmestuben mit eisernem Besen in Brandenburg ausfegen wollte, wurde aus all seinen Ämtern gefegt.

⭐ *Osten immer noch Ausland?*

Bei einer Veranstaltung über »Alternative Finanzierungs-
formen« hielt Prof. Hans-Werner Sinn, der Präsident des
renommierten Ifo-Instituts, im Februar 2004 einen Vortrag
unter dem Titel: »Was tun: Wie schafft Deutschland den
Aufschwung?« Eindrucksvoll stellte er dar, wie sich die
Lücke zwischen Ost- und Westdeutschland in den letzten
sieben Jahren vergrößert hatte. Die sogenannten neuen
Bundesländer verbrauchten 366 Milliarden Euro im Jahr,
erwirtschaften aber nur 253 Milliarden selbst, so der Ge-
lehrte. Und dann fiel er, der wichtige Satz: »Es gibt kaum
noch andere Länder in der Welt, die so von Ressourcen
aus dem Ausland abhängig sind.« Der Osten Deutschlands ist für einen führenden Ökonomen auch im Jahre
2004 noch Ausland. Konfessionelle Zweistaatler hatte
man früher Vereinigungsskeptiker genannt. Sollte der Begriff nicht umgedeutet werden?

⭐ *Unrechtsstaat?*

Der letzte DDR-Ministerpräsident Lothar de Maizière hat
ausgesprochen, was den meisten DDR-Bürgern sowieso
schon klar war, nämlich, dass die DDR kein Unrechtsstaat
war. Ich habe eine sehr kritische Sicht auf die DDR. Aber
ich plappere nicht alles nach, was mir von sogenannten
DDR-Experten aufgetischt wird. Am 7. Oktober 2008
fragte ich die CDU-geführte Bundesregierung, ob China
aus der Sicht der Bundesregierung ein Unrechtsstaat sei?
Nach der tendenziösen bis gruseligen Olympiabericht-
erstattung von ARD und ZDF war ich mir sicher, dass die

Bundesregierung China als Unrechtsstaat klassifiziert. Die Antwort: »Aus Sicht der Bundesregierung bemüht sich die chinesische Regierung im Rahmen ihrer Reform- und Öffnungspolitik um den Aufbau rechtsstaatlicher Strukturen.« China ist also offiziell kein Unrechtsstaat. Daraufhin fragte ich, welche Staaten aus der Sicht der Bundesregierung Unrechtsstaaten seien. Ich erwartete eine lange Liste, wie z.B. Simbabwe oder Iran, doch ich bekam keine Liste, sondern folgende Antwort: »Den Begriff ›Unrechtsstaat‹ gibt es im Völkerrecht nicht.«

War denn wirklich nur die DDR ein Unrechtsstaat? Ich bat den Wissenschaftlichen Dienst des Bundestags um Auskunft, wie »Unrechtsstaat« definiert sei. Hier ein Auszug aus dem Gutachten: »Eine wissenschaftlich haltbare Definition des Begriffs ›Unrechtsstaat‹ gibt es weder in der Rechtswissenschaft noch in den Sozial- und Geisteswissenschaften«, und weiter: »es [geht] zumeist darum, die politische Ordnung eines Staates, der als Unrechtsstaat gebrandmarkt wird, von einem rechtsstaatlich strukturierten System abzugrenzen und moralisch zu diskreditieren«. Das sind klare Worte.

Der Unrechtsstaat ist ein propagandistischer Kampfbegriff, der nicht aufklären, sondern brandmarken soll. Wenn wir in der Bewertung der DDR weiterkommen wollen, dann brauchen wir endlich Sachlichkeit im Umgang mit der DDR-Geschichte und mit ihren Bürgerinnen und Bürgern. Ich werde weiter beharrlich das verordnete Geschichtsbild hinterfragen. Offenbar stört das jedoch führende Verwaltungsangestellte des Bundestages.

Professor Schöler, der Leiter der Abteilung W, Wissenschaft und Außenbeziehungen des Deutschen Bundestages, schrieb mir im Oktober 2014: »Die Ihnen übersandte Kurzinformation [zum Unrechtsstaat] gab schon 2008 nicht die fachliche Diskussion in ihrer ganzen Breite und Tiefe wieder und ist inzwischen weit hinter dem Stand der Diskussion.«

Bodo Ramelow, Ministerpräsident in Thüringen, und ich wurden aufgefordert, das wissenschaftliche Gutachten zum Unrechtsstaat von unseren Internetseiten zu entfernen. In meinem Antwortbrief schrieb ich an Professor Schöler: »Ich verfolge die wissenschaftliche Diskussion zu diesem Thema sehr gründlich. Ich kann nicht feststellen, dass die Ausarbeitung hinter dem Stand der Diskussion wäre. Im Gegenteil, ich stelle fest, dass die Ausarbeitung wegen ihrer Aktualität immer noch in der Öffentlichkeit auf große Resonanz stößt. Deshalb verwundert mich Ihre negative Bewertung der Ausarbeitung. Ich hoffe, dass Sie wegen der Ausarbeitung nicht politisch unter Druck gesetzt wurden. Wenn ja, würde ich mich in dieser Sache an den Bundestagspräsidenten wenden. Sie könnten dann auf jeden Fall mit meiner vollen Unterstützung rechnen.« Nur acht Monate später schrieb der ehemalige Richter am Bundesverfassungsgericht Ernst-Wolfgang Böckenförde in der *Frankfurter Allgemeinen Zeitung:* »Die globale Kennzeichnung der DDR als Unrechtsstaat schießt deshalb über die Anerkennung von Unrecht und Freiheitsverletzung, die es in der DDR vielfach gab, weit hinaus. Sie will umfassend delegitimieren und desavouieren. Sie lässt der Normalität, die es vielfach gab, keinen Eigenstand. Sie ist eine Verzerrung der Wirklichkeit in politischer Absicht.«

Ich musste trotzdem das Gutachten von meiner Internetseite entfernen, weil der Wissenschaftliche Dienst einer Veröffentlichung nicht zugestimmt hatte. Eine groteske Regelung! Eine Dienstleistungseinrichtung des Bundestages darf darüber entscheiden, ob und wie ihre Leistungen vom Auftraggeber genutzt werden. Da wedelt doch der Schwanz mit dem Hund! Glücklicherweise entschied das Bundesverwaltungsgericht, dass alle Gutachten der Wissenschaftlichen Dienste dem Informationsfreiheitsgesetz unterliegen. So konnte ich das Gutachten wieder auf meine Internetseite stellen. Aus meiner Sicht war es ein Fehler, den Begriff »Unrechtsstaat« in den Thüringer Koalitionsvertrag zu schreiben. Mit Geschichte sollten wir nicht wie auf einem Basar handeln. Geschichte gehört in die Hände von Historikern und nicht auf den Tisch bei Koalitionsverhandlungen.

Reichsbahner mit »Fremdrenten«

Ich traf mich an einem Montag im September 2003 mit Senioren der Gewerkschaft transnet. Damals wie heute ist für die Eisenbahner noch immer keine Rentengerechtigkeit hergestellt. Die Vorsorge, die die Deutsche Reichsbahn in der DDR geleistet hat, wird von der Bundesrepublik nicht anerkannt. Zur Erinnerung: Die Reichsbahn betrieb auch nach der Teilung Deutschlands und später Berlins das gesamte Streckennetz der S-Bahn im Ost- und Westteil der Stadt. Pikantes Detail: Reichsbahner, die in Westberlin gewohnt und gearbeitet haben, erhalten Renten nach dem »Fremdrentengesetz«.

Seit ihrem Bestehen setzten sich die PDS und später DIE LINKE für Rentengerechtigkeit in Ost und West ein. In meinen Notizen über dieses Gespräch schrieb ich damals: »Es bleibt immer noch vieles zu tun. 90 000 Petitionen von Eisenbahnern an den Bundestag sind im Hau-Ruck-Verfahren abgebügelt worden. Das darf nicht das letzte Wort gewesen sein.« Leider sind wir auch heute noch weit von einer Rentengerechtigkeit entfernt.

★ Die Mutter aller Heuschrecken

Als ich in einer Sendung von Anne Will die Meinung vertrat, dass die Treuhand die Mutter aller Heuschrecken sei, da verlor der neben mir sitzende ehemalige Beauftragte der Treuhand, Klaus von Dohnanyi, die Contenance. Er vertrat noch immer die Auffassung, dass die Treuhand gute Arbeit geleistet habe. Kein Funken Kritik. Keine Selbstzweifel.

Auslöser der Debatte war ein am 17. April 2005 in der *Bild am Sonntag* erschienenes Interview mit dem damaligen SPD-Vorsitzenden Franz Müntefering, in dem er äußerte: »Manche Finanzinvestoren verschwenden keinen Gedanken an die Menschen, deren Arbeitsplätze sie vernichten – sie bleiben anonym, haben kein Gesicht, fallen wie Heuschreckenschwärme über Unternehmen her, grasen sie ab und ziehen weiter. Gegen diese Form von Kapitalismus kämpfen wir.« Die Situation hatte Müntefering damals gut beschrieben, doch der Kampf der SPD gegen die Heuschrecken blieb aus. Im Gegenteil, unter einer SPD-Regierung wurden Hedgefonds erst zugelassen.

Nicht nur ich halte die Treuhand-Geschichte für einen brutalen Wirtschaftskrimi. *Zeit-Online* schrieb 2012 eine Rezension über den Dokumentarfilm »Goldrausch«: »Es wird die Geschichte der Treuhandanstalt dokumentiert. Sie ist geprägt durch Bestechung, Betrug, Bereicherung.« Zwei Untersuchungsausschüsse des Bundestages haben sich mit den Skandalen der Treuhand beschäftigt. Ich erinnere an den Verkauf der Leuna-Werke. Der damalige französische Präsident François Mitterand und Bundeskanzler Helmut Kohl sprachen sich beide dafür aus, dass das Unternehmen an Elf Aquitaine gehen sollte. Schmiergelder von 47 Millionen Euro sollen an Politiker gezahlt worden sein. Der ehemalige Elf-Manager Alfred Sirven wurde zu fünf Jahren Haft verurteilt, Konzernchef Loïk Le Floch-Prigent zu drei Jahren. Angeblich flossen auch Schmiergelder in die CDU-Kasse.

Der Vorwurf konnte nie aufgeklärt werden. Unter der Regierung Kohl sind mehrere Regierungsakten aus dieser Zeit spurlos verschwunden. Sonderermittler Burkhard Hirsch sprach ironisch von »Bundeslöschtagen«. Alle Ermittlungen zu diesem Fall wurden in Deutschland mangels Tatverdachts wieder eingestellt.

Die Bilanz der Treuhand ist verheerend. Fast das gesamte Volkseigentum der DDR ging an Unternehmen in den alten Bundesländern. Ostdeutschland wurde wissentlich deindustrialisiert, und jeder zweite Beschäftigte musste sich eine neue Arbeit suchen.

Ich finde den Heuschreckenvergleich immer noch berechtigt. Der Unterschied ist nur, dass es damals noch keine anonymen Finanzinvestoren waren, sondern bekannte westdeutsche Unternehmen, die für'n Appel und 'n Ei ostdeutsche Konkurrenz ausschalteten und Unternehmen ausschlachteten.

 ### *Erste Landtagswahl*

Als Berlinerin muss man ja immer höchst vorsichtig sein, wenn man behauptet, den anderen einen Schritt voraus zu sein. Aber manchmal, wie in diesem Fall, kann es auch belegt werden. Nachdem die Volkskammer das »Länderwiedereinführungsgesetz« beschlossen hatte, fanden in Brandenburg, Thüringen, Sachsen, Sachsen-Anhalt und Mecklenburg-Vorpommern am 14. Oktober 1990, nur elf

Tage nach dem Anschluss gemäß Artikel 23 des Grundgesetzes an die Bundesrepublik Deutschland, gleichzeitig Landtagswahlen statt.

In Berlin war es etwas anders. Hier fanden – in der noch geteilten Stadt – am 6. Mai 1990 sowohl Wahlen zur Stadtverordnetenversammlung – also dem Gegenstück zum Westberliner Abgeordnetenhaus – und zu den Bezirksverordnetenversammlungen in den elf Ostberliner Bezirken statt. Die PDS zog mit 42 Abgeordneten als zweitstärkste Fraktion ins Rote Rathaus ein. Es waren schon jede Menge Berater aus dem Westen da.

Alles sollte möglichst genauso wie in der anderen Stadthälfte organisiert werden. Doch halt! Es galt natürlich zu verhindern, dass die PDS in den Rathäusern der Stadtbezirke etwas zu sagen hatte. Ich kann mich noch gut erinnern, wie ein SPD-Kandidat in Lichtenberg darüber klagte, dass man nach der Wahl in eine Zwangskoalition mit der PDS müsse. Augenscheinlich eine Horrorvorstellung für ihn. Die Stadtverordnetenversammlung beschloss dann gegen die Stimmen der PDS eine Sonderregel für die Übergangszeit bis zur nächsten Wahl: Die stärkste Fraktion sollte nicht mehr das Recht haben, den Bürgermeister zu stellen. Auch für das gesamte Bezirksamt wurde – abweichend vom Westberliner Proporzprinzip – die politische Koalition eingeführt. So war die PDS trotz hohen Stimmanteils aus allen Ostberliner Rathäusern verbannt.

Da meine eigenen Erinnerungen an das Wahlverfahren von 1990 nicht mehr ganz genau waren, habe ich bei meinem langjährigen Kollegen Peter-Rudolf Zotl nachgelesen. Für die Wahl zur Stadtverordnetenversammlung gab es ausschließlich Bezirkslisten, also elf. Die Besonderheit bestand darin, dass jeder drei Stimmen verteilen konnte;

auf Personen oder auf die Partei an sich. So blieb es für wirklich jeden bis zur Auszählung spannend.

Die Stadtverordnetenversammlung bestand nur kurz. Bereits am 2. Dezember 1990 wurde gemeinsam mit dem Bundestag auch das erste Gesamtberliner Abgeordnetenhaus gewählt. Es war eine aufregende und äußerst arbeitsintensive Zeit. Vor allem lernte ich interessante und engagierte Menschen kennen. Ich erinnere mich ganz besonders gern an meine temperamentvollen Banknachbarn Hans Luft und Moritz Mebel. Letzterer hatte als Soldat der Roten Armee für die Befreiung Deutschlands vom Hitler-Faschismus sein Leben eingesetzt. Nach dem Krieg wurde er ein bedeutender Urologe und führte die ersten Nierentransplantationen in der DDR durch.

★ Schwester Agnes fehlt

Am 16. Oktober 2010 eröffnete Deutschlands größte »Nachrichtenfabrik«, die Deutsche Presseagentur (DPA), ihre Hauptstadtredaktion in der Berliner Markgrafenstraße 20. Die Chefredaktion hatte Politiker aller Parteien und Kollegen aus anderen Redaktionen zur Einweihungsfeier eingeladen.

Ich ging mit unserer stellvertretenden Pressesprecherin Marion Heinrich hin und war vom Ambiente der Großraumbüros und den Arbeitsplätzen beeindruckt. Da sich zum gleichen Zeitpunkt wie wir auch der damalige Bundespräsident Christian Wulff und mehrere Minister mit ihren Bodyguards sowie viele Journalisten gegenseitig auf die Füße traten, beschloss ich, nach der Besichtigung der Redaktion wieder in den Bundestag zurückzukehren. Kurz vor unserem »Abgang« reichte man uns ein Glas

Sekt. Wir setzten uns in die Nähe der Lifte, genossen die Aussicht auf die nahe Friedrichstraße. Dann war es Zeit zu gehen. Doch kein Lift fuhr abwärts, denn alle strebten aufwärts. So auch Gesundheitsminister Philipp Rösler. Er stieg aus einem der Lifte, nickte mir freundlich zu, ging weiter und kam plötzlich zurück. Er bedankte sich für ein Buch, das ich ihm kürzlich geschickt hatte. Er sagte, er habe es gelesen. Das freute mich, und ich stellte ihm rasch die Autorin jenes Buches »Gemeindeschwestern erzählen« vor. Marion, unsere Pressesprecherin, staunte nicht schlecht, dass Philipp Rösler ihr Buch gelesen hatte. Das hatte er wohl – zumindest ein Porträt von zehn beeindruckenden Lebensgeschichten. Er bat um die Adresse der katholischen Gemeindeschwester Christine Jeitner. Offenbar hat ihn die Biografie dieser Katholikin stark beeindruckt, und der Gesundheitsminister machte eine neue Erfahrung mit Frauen, die hoch qualifiziert und engagiert für die DDR eine Rundumversorgung an medizinischer Betreuung, Fürsorge, Mütterberatung und Sterbebegleitung boten. Kurzum, er »begegnete« auf rund 200 Buchseiten den realen Schwestern »Agnes«. Im kollektiven Gedächtnis der Ostdeutschen ist diese Ikone der Fernsehgeschichte, dargestellt von Agnes Kraus, unsterblich.

Die Geschichten der realen Gemeindeschwestern sind von unschätzbarem Wert, amüsant und berührend, doch sie aufzuschreiben bedeutete mehr als das: nämlich Erfahrungswerte festzuhalten. Das war letztlich auch mein Impuls, den kleinen Band herauszugeben. Denn vom Konzept der Gemeindeschwestern in der DDR könnte die aktuelle Gesundheits- und Pflegepolitik vieles lernen. In meinem Vorwort zum Buch schrieb ich damals: »Um allen Menschen in Deutschland die gleichen Chancen auf medizinische Betreuung zu bieten, müssen wir unser

Gesundheitssystem weiterentwickeln. Der solidarische Gedanke in der Gesundheitsförderung und Prävention muss eine zentrale Bedeutung erhalten, damit die Menschen gesünder werden und gesund bleiben. Gesundheit darf nicht zur Ware verkommen und die medizinische Versorgung nicht vom Geldbeutel des Einzelnen abhängen.« Deshalb setze ich mich seit langem für die Wiedereinführung des Gemeindeschwestern-Modells ein. Wir haben viele Lesungen landauf landab erlebt, in denen uns Besucher immer wieder bestätigten, wie sehr Schwester Agnes fehlt. Und in meinem Wahlkreis gibt es seit einigen Jahren einen Agnes-Kraus-Weg.

 ### *Palast der Republik*

Vierzehn Jahre war er geöffnet, vierzehn Jahre geschlossen. Begeistert nahmen im Sommer 2004 Tausende Berliner und ihre Gäste den Palast der Republik wieder in Besitz. Mehrere Monate gab es im »Volkspalast« Theater, Tanz, Lesungen, Partys. Einige dieser Projekte wurden durch die Bundeskulturstiftung gefördert. Günter Nooke, damals kulturpolitischer Sprecher der CDU/CSU-Bundestagsfraktion, glaubte an einen Missbrauch öffentlicher Mittel und rief nach dem Bundesrechnungshof. Nooke und seine politischen Freunde setzten im Bundestag einen Beschluss durch, der für Anfang 2005 den Abriss des Palastes vorsah. Anschließend sollte darüber Gras wachsen, ganz viel Gras!

Doch immer mehr Menschen zweifelten am Sinn des Abrisses. Journalist Ulf Kalkreuth brachte die Stimmung auf den Punkt: »Es steht die Frage im Raum: Ist der Palast der Republik unkaputtbar?«

Anna Lührmann (Bündnis 90/die Grünen) aus Frankfurt (Main), mit 22 Jahren damals noch jüngste Bundestagsabgeordnete, hatte 2003 für den Palast-Abriss gestimmt. Sie sagte der Presse: »Damals gab's überhaupt keine Diskussion, und ich habe einfach so mitgestimmt.« Kurz vor dem Abriss besuchte sie das Stahlskelett zum ersten Mal. »Ich war fasziniert von diesem Raum und den Möglichkeiten, die er kulturell bietet«, sagte sie einem Journalisten. Ähnlich sahen es junge Leute aus den alten Bundesländern. Es wurde das »Bündnis für den Palast« gegründet, zu dem sich Initiativen, Architekten und Politiker zusammenschlossen. Der Bündnissprecher Marc Wilkins meinte damals, dass der Palast kein Schandfleck sei, sondern ein attraktives Kulturgebäude, von dem man in Paris und London nur träumen könne.

Doch alle guten Ideen und kreativen Proteste halfen nichts. Das Volkshaus wurde abgerissen und ein Schloss wird erbaut. Mehr Symbolik geht eigentlich nicht. Die Regierenden hatten Angst vor den Dingen, die in der DDR funktionierten. Im Kampf gegen angebliche Ostalgie waren ihnen alle Mittel recht, und dabei scheuten sie auch keine Kosten.

Der »Freundeskreis Palast der Republik« war immer ein wichtiger Teil der Protestbewegungen gegen den Palast-Abriss. Ziel des Freundeskreises ist es nun, die Erinnerung an den Palast zu bewahren. Ich bin gespannt, ob es im Schloss eine Ausstellung über den Palast geben wird.

POLITIK HAUTNAH

 Der Zauber von 1500 Rosen

Seit 2003 stehe ich jedes Jahr am 8. März morgens auf Lichtenberger Straßen und verteile Rosen mit kleinen Fähnchen, die auf den Internationalen Frauentag verweisen. Die roten Fähnchen sind immer mit einer konkreten Forderung der LINKEN versehen. Wie zum Beispiel »Gleicher Lohn für gleiche Arbeit«.

Einmal warteten wir bereits um sechs Uhr morgens auf Krankenschwestern des Oskar-Ziethen-Krankenhauses, die aus der Nachtschicht kamen. 2008 wollte ich gemeinsam mit meinen Mitstreitern Katrin, Tanja, Rosi, Klaus, Norman, Konstantin, Rustam und Wolfgang vor dem Ring-Center in der Frankfurter Allee 1500 Rosen verteilen. Da wir uns gegenseitig auf den Füßen standen, beschloss ich, in das Ring-Center zu gehen. Die Verkäuferinnen freuten sich über die Rosen. Jüngere erfuhren von ihren älteren Kolleginnen etwas über den Frauentag. Der Geschäftsführer des Kaufhofs versicherte mir, dass er seinen Mitarbeiterinnen zum Internationalen Frauentag gratuliert habe. Einige Frauen sagten, jetzt könnten ihre Männer den Tag nicht mehr ignorieren.

Nach der Frühaktion auf den Straßen Lichtenbergs fahre ich mit 100 Rosen in den Bundestag. Bei dieser Aktion freuen sich die Reinigungsfrauen und die Mitarbeiterinnen in der Garderobe genauso wie die der Verwaltung oder Abgeordnete.

Eine 97-jährige Lichtenbergerin meldete sich sogar bei uns im Büro und bedauerte, dass sie nicht mit uns den Frauentag feiern könne. Sie sei zu gebrechlich und könne ihre Wohnung nicht mehr verlassen. Daraufhin fuhr Katrin, meine langjährige Wahlkreisbüroleiterin, zu der betagten Frau und verbrachte mit ihr ein paar gesellige Stunden bei Kaffee und Kuchen.

Ich vergesse am Frauentag auch nicht den Verein zum Schutz junger Mütter und besuche regelmäßig das Frauenzentrum am Mühlengrund, wo die Damen mich schon scherzhaft mit den Worten begrüßen: »Wir haben schon auf unsere Rosen gewartet.«

In den vergangenen 14 Jahren habe ich niemals erlebt, dass eine Frau die Annahme einer Rose verweigert hätte. Im Gegenteil, die Rosen zaubern schon am frühen Morgen ein Lächeln auf jedes Gesicht.

Silvestertouren

Was machst du Silvester? Diese Frage wird häufig spätestens nach dem Weihnachtsfest gestellt. Bei mir ist das seit langem entschieden. Ich mache eine Tour durch den Bezirk und besuche Menschen, die in dieser Nacht arbeiten. Und das sind viele. Einige arbeiten in der Silvesternacht besonders intensiv, weil die Mischung aus Böllern und Alkohol leider jede Menge Schaden anrichten kann.

Begonnen habe ich die Touren mit unserer Lichtenberger Bürgermeisterin Christina Emmrich. Wir erfuhren in den direkten Gesprächen vor Ort häufig mehr über die Arbeitsbedingungen der Menschen als bei »offiziellen«

Betriebsbesuchen. In unseren beiden Krankenhäusern, dem Oskar-Ziethen-Krankenhaus und dem Evangelischen Krankenhaus Königin Elisabeth Herzberge, wie auch bei Polizei und Feuerwehr beginnt in der Regel um Mitternacht der große Stress. Obwohl es in jedem Jahr viele Warnungen in den Medien gibt, geschehen immer wieder teils sehr tragische Unfälle durch Feuerwerkskörper. Mein Traum – ein großes öffentliches Feuerwerk statt privater – ist in Berlin sicher nicht so einfach zu verwirklichen. Ein Polizeibeamter meinte ganz abgeklärt zu mir: Da stecken viel zu viele finanzielle Interessen dahinter.

In den Rettungsstellen der Krankenhäuser wird uns immer wieder von einem Problem berichtet, das dringend gelöst werden muss. Die niedergelassenen Ärzte sind in Berlin ungleich verteilt. Viele Mediziner zieht es dahin, wo mehr Privatpatienten leben als in Lichtenberg. Darum kommen sehr häufig Menschen in die Rettungsstellen, die eigentlich in eine ambulante Praxis gehören. Damit geht wertvolle Zeit für wirkliche Notfälle verloren. Schön ist, dass es eine Anlaufstelle für Menschen gibt, die den Jahreswechsel etwas anders feiern. Ich meine die psychosoziale Kontakt- und Beratungsstelle »Der blaue Laden«. Auch hier machen wir Station. Weiter geht es dann zum Straßenbahnhof der BVG. In der Silvesternacht fahren die Bahnen häufiger als sonst. BVGer – das ist für viele Mitarbeiter eine Berufung. So manches Ehepaar feierte in den vergangenen zwanzig Jahren kein einziges gemeinsames freies Silvesterfest – ohne darüber zu klagen.

Unser Abstecher bei der Polizei spiegelt den Zustand unserer Gesellschaft wieder. Wir erfahren meist leider wenig Erfreuliches. Das größte Problem sei »HG«, also häusliche Gewalt, erzählen uns die Beamten. Auch wenn wir wissen, dass Gewalt in allen Gesellschaftsschichten vorkommt, wird sie doch begünstigt durch Armut, Abhängigkeit und prekäre Lebensverhältnisse.

Wenn wir es pünktlich schaffen – schließlich haben wir jedes Mal acht Stationen auf unserem Programm –, sind wir direkt um Mitternacht am liebsten bei der Feuerwehr. Da wird dann erst einmal richtig Krach mit Hupen und Wasserspritzen gemacht, bevor die Feuerwehrleute zu den großen Einsätzen rausfahren.

Meine Hochachtung gilt allen, die auch in der Silvesternacht für andere da sind. Gerade in der Großstadt wird häufig wie selbstverständlich erwartet, dass Hilfe jederzeit zur Stelle ist. Diese Hilfe wird von Menschen geleistet. Und nicht alle Helfer und Retter werden so entlohnt, wie sie es verdient haben.

★ Chor ist mehr als nur Singen

Ich staune immer wieder, wie musikalisch die Lichtenberger sind. Als ich 2004 das erste Mal den Lichtenberger Chorsommer besuchte, war ich überrascht. Nahezu 500 Chormitglieder zwischen acht und achtzig Jahren sangen vom Volkslied bis zum Gospel einen bunten Mix. Einige Chöre waren von Anfang an dabei, etwa der »Chor der fröhlichen Rentner«. Er existiert bereits seit 1973 und ist ein reiner Frauenchor. Dr. Christine Roßberg, Chorleiterin und ehemalige Ärztin, gründete ihn, weil Singen die beste Medizin gegen Einsamkeit ist. Mit dabei waren auch der »Schifffahrtschor«, der Kinderchor »Die Pfiffiküsse« und der »Clara-Schumann-Chor«. Die Mädchen sind schon in den USA, in Australien, Italien und Belgien aufgetreten.

Alle Chöre vereint die Freude am Singen und die Liebe zur Musik. Wer einmal den Lichtenberger Chorsommer miterlebt hat, ist begeistert, und mancher wird angesteckt, mitzumachen. Denn beim gemeinsamen Singen entdeckt man womöglich noch weitere Gemeinsamkeiten.

Der Chorsommer ist mittlerweile Tradition in Lichtenberg. Leider sah sich das Bezirksamt irgendwann nicht mehr in der Lage, die Kosten für die Veranstaltung zu tragen. Die ehrenamtlichen Organisatoren waren enttäuscht. Als ich davon erfuhr, gründete ich kurz entschlossen den Verein »Gemeinsam in Lichtenberg«. Er hat sich unter anderem der Fortführung des Chorsommers verschrieben und führt ihn seit 2005 jedes Jahr durch. Selbst tropische 32 Grad Außentemperatur konnten die Fans des Chorsommers 2016 nicht davon abhalten, den großen Saal des Karlshorster Kulturhauses bis auf den letzten Platz zu füllen. Zum ersten Mal trat in diesem Jahr auch Evrim Sommer, Bürgermeisterkandidatin für Lichtenberg, auf und sang ein kurdisches und ein türkisches Lied. Ihr Auftritt war für viele Gäste sehr berührend. Am Ende der Veranstaltung kamen Zuschauer zu mir, fragten nach Adressen von Chören, bei denen sie gern mitsingen würden, und erzählten, welchen Chor sie aus den vergangenen Jahren vermisst hätten. Das ist ein gutes Zeichen für den kommenden Chorsommer.

 Immer nah am Wasser

Die Fraktion DIE LINKE. Lichtenberg lädt zum wiederholten Mal in den Ferien Kinder zum Schwimmkurs ein. Zuverlässiger Partner ist stets die beliebte Schwimmhalle am Anton-Saefkow-Platz. In den Sommerferien 2016 schaue ich auch wieder vorbei. Es findet sich immer eine Gelegenheit, etwas über die Arbeitsbedingungen der Mitarbeiterinnen und Mitarbeiter zu erfahren. »Wir kennen uns doch noch aus der Dolgenseestraße«, spricht mich einer der Bademeister an, »ist schon lange her. Da ging es doch um die Sache mit der Wassergymnastik.« Ja. Die gerettete Wassergymnastik.

Es war die Zeit des Personalabbaus in allen Bezirksämtern. Eine ältere Mitarbeiterin des Lichtenberger Sportamtes gab verschiedene Kurse, unter anderem Wassergymnastik für eine Gruppe vorwiegend älterer Frauen. Einige von ihnen klagten über Krankheiten und die Nachwirkungen von Operationen. Verständlich, dass sie lieber miteinander Gymnastik machten statt mit knackigen Zwanzigjährigen Aquafitness. Doch Berlin ist hoch verschuldet, also sollte die Kursleiterin weggespart werden. Mit der Wassergymnastik wäre es vorbei. Man könne sich doch einem Sportverein anschließen, so die Argumentation der Verwaltung. Da hatten sie nicht mit Rosi gerechnet. Sie ging von einer Sprechstunde zur anderen, von einer Bezirksverordnetenversammlung zur nächsten, und ließ nicht locker. Ich unterstützte sie und versuchte, ihr immer wieder Mut zu machen. Einmal nahm ich selbst an der Wassergymnastik teil – unter Beobachtung der Presse. Schließlich war es erreicht. Die Mitarbeiterin des Sportamtes durfte weiterhin das machen, was sie hervorragend konnte – nämlich unterrichten. Rosi trat daraufhin in die Partei DIE LINKE ein und ist bis heute eine unserer aktivsten Genossinnen. Eine Enttäuschung blieb ihr dennoch nicht erspart: Sie hatte gehofft, ich käme im roten Badeanzug.

★ Wie geht man mit Gewalt um?

Ich habe den Eindruck, einige Zeitungen und Fernsehstationen berichten besonders gern über Gewalttaten. Angeblich erhöht die Berichterstattung über Einbrüche, Raubüberfälle oder gar Morde die Auflagen und die Einschaltquoten. Obwohl die Zahl der Gewalttaten nach den offiziellen Statistiken sinkt, haben viele Menschen Angst vor Gewalt, auch wenn man sie auf die Statistiken verweist.

Also, wie soll man mit dieser Angst umgehen? Wie hilft man einem Menschen, der in Gefahr ist, am besten? Wie erkennt man überhaupt, ob jemand wirklich in Gefahr ist? Zu diesen Fragen luden wir einen Beamten des Landeskriminalamtes zu einer Podiumsdiskussion ein. Die Teilnehmer erfuhren zum Beispiel, dass man richtig hilft, indem man in der Gefahrensituation nicht den Täter, sondern das Opfer anspricht und es aus der Gefahrenzone bringt. Auch sollte man Umstehende direkt ansprechen und um Unterstützung bitten. Ich habe in der U-Bahn oder im Regionalzug schon Situationen erlebt, wo Unbeteiligte einfach wegschauen, weil sie Angst haben und nicht wissen, was sie tun sollen.

Mir wurde klar, dass es nicht reicht, Menschen aufzufordern, anderen zu helfen. Man muss ihnen auch erklären, wie man richtig hilft. Ich kenne einige Schulen in Lichtenberg, die Anti-Gewalt-Training anbieten, aber eigentlich sollte jede Bürgerin und jeder Bürger die Möglichkeit haben, ein solches Seminar zu besuchen.

★ Wo ist mein Lieblingsbuch?

Der allererste Schultag ist für alle Beteiligten ein aufregendes Ereignis. In erster Linie natürlich für die Kinder und deren Verwandte, aber ebenso für die Lehrerinnen und Erzieherinnen, für die wenigen männlichen Pädagogen und die älteren Schülerinnen und Schüler. Auch für mich ist dieser Tag immer wieder spannend. Seit vielen Jahren halte ich bei den liebevoll gestalteten Begrüßungsfeiern in der Randow-Schule in Hohenschönhausen eine kleine Rede, einen Willkommensgruß für die ABC-Schützen. Früher luden mich auch andere Schulen zum Beginn des neuen Unterrichtsjahres ein, das ergab jedoch immer Terminüberschneidungen.

Inzwischen hat mich die Randow-Schule quasi fest »gebucht«. In dem Gebiet rund um die Schule wohnen nicht gerade die reichsten Eltern. Trotzdem sind die Kinder zur Einschulungsfeier immer toll herausgeputzt, sogar Schlipse, Hüte und lange Kleider habe ich bei diesem Anlass schon gesehen. In Gesprächen mit Eltern und Großeltern erfahre ich viel über ihre Hoffnungen und Sorgen. Es kam auch vor, dass ich Großeltern traf, die ihre Enkel aufziehen, weil es deren eigene Eltern nicht schaffen.

Ich bin beeindruckt, wie engagiert das Team an dieser Schule arbeitet. Das Programm mit Gesang, Tanz und Gedichten, die von älteren Schülern vorgetragen und moderiert werden, zeugt von intensiver Vorbereitung. Berühmt ist diese Schule auch für ihr Buddy-Projekt: Schüler helfen anderen Kindern. Sie lernen dabei unter anderem, wie man mit Konflikten umgeht. Stopp heiß Stopp – das erfahren die Lernanfänger musikalisch mit einem Stopp-Rap, der an dieser Schule entstanden ist.

In meiner kurzen Rede konzentriere ich mich stets auf drei Punkte. Zum einen gratuliere ich den Eltern zu ihren Schulkindern, die nun keine Kindergartenkinder mehr sind. Auf diesem Weg haben Eltern und Großeltern die Kleinen liebevoll begleitet. Dann danke ich den Lehrerinnen und Erzieherinnen – die wenigen Männer werden von mir natürlich nicht vergessen – für ihre Arbeit und wünsche den Eltern, immer einen guten Draht zur Schule zu halten. Und dann verrate ich den Kindern ein paar Geheimnisse. Zum Beispiel, was es mit dem Lesen so auf sich hat. Und dass Erwachsene auch gern Kinderbücher lesen, weil die Geschichten sie an ihre eigene Kindheit erinnern. »Wenn also plötzlich euer Lieblingsbuch verschwunden ist«, rate ich den Kindern, »fragt einfach eure Eltern, ob sie es vielleicht haben, weil sie es noch einmal lesen wollen.«

Hol dir das Har(t)z-Feuer!

In Lichtenberg gibt es seit 2007 wieder Warteschlangen auf den Straßen. Ich wollte es nicht glauben, doch vor unserem Infostand bildete sich eine Warteschlange. Wir verteilten Tomatenpflanzen der Sorte Harzfeuer. Innerhalb einer knappen Stunde hatten wir vierhundert Tomatenpflanzen an Passanten verteilt, verbunden mit einem Flugblatt gegen Hartz IV. Wir bekamen dabei die unterschiedlichsten Reaktionen zu hören: »Ja, die Sorte kenne ich noch von meinen Eltern, ach, die LINKE, die wählen wir immer.« – »Viel Erfolg, lassen Sie sich nicht unterkriegen.« – »Gute Idee, was, hier müssen wir nicht mal unterschreiben?« Kinder fragten, wo denn aus diesen kleinen Pflanzen die Tomaten rauskämen und wie lange man da-

Die Tomatenpflanzen sind immer heiß begehrt.

rauf warten müsse. Na ja, Stadtkinder eben, die nicht in einem Schulgarten buddeln können.

Harzfeuer ist in Ostdeutschland sehr begehrt, diese Tomatensorte wird wegen ihres süß-aromatischen Geschmacks geschätzt. Die Züchtung ist von Natur aus robust und schnellwüchsig. Bei viel Licht kultivieren. An Stäben, Schnüren oder Gittern aufleiten. Seitentriebe ausbrechen, viel gießen und wöchentlich düngen. So habe ich es auf einem Flugblatt beschrieben.

Es ist nicht ganz fair, dass ich diese wunderbare Pflanze mit Hartz IV in Verbindung brachte. Wo doch auch noch die Pflanze ohne »t« geschrieben wird und wirklich nichts mit Sozialabbau zu tun hat. Wir wollten mit unserer Har(t)z-Feuer-Aktion auf soziale Fragen aufmerksam machen. Die Tageszeitung *Neues Deutschland* schrieb 2007: »Mit der Verteilung von Tomatenpflanzen der Sorte Harzfeuer vor dem Ring-Center in der Frankfurter Allee machte gestern Gesine Lötzsch, Bundestagsabgeordnete der Linksfraktion, auf die Erhöhung des Arbeitslosengeld II ab dem 1. Juli aufmerksam. Zwei Euro gibt es dann monatlich mehr. Die LINKE fordert eine Erhöhung von 345 auf 420 Euro. Das Geld sei da, 90 Milliarden Euro würden mehr an Steuern eingenommen. Die Anhebung würde 5,8 Milliarden Euro kosten.«

Mich sprach an jenem Tag eine Seniorin an, die auf ihre kleine Rente verwies und der Meinung war, dass der Hartz-IV-Satz viel zu hoch sei. Es ist nicht ungewöhnlich, dass Menschen, die selbst wenig Geld haben, beklagen, dass andere Menschen zwei oder drei Euro mehr im Monat bekommen als sie. Ich verweise bei solchen Diskussionen immer darauf, dass der Reichtum in unserer Gesellschaft generell ungerecht verteilt ist. Ein Prozent der Bevölkerung verfügt über ein Drittel des gesamten Eigentums in unserem Land. Wenn der Reichtum gerecht verteilt würde, dann gäbe es keine Minirenten, sondern Mindestrenten, von denen man im Alter gut leben könnte.

Im Sommer bekommen wir manchmal Fotos zugeschickt. Stolz präsentieren dann Hobbygärtner ihre riesigen Harzfeuer-Pflanzen, die zahlreiche Früchte tragen. Oft wünsche ich mir, dass auch linke Politik so schnell Früchte tragen würde.

 »Ich stehe direkt unter Ihrer Uhr!«

Jana hatte in einer Zeitungsanzeige von einem Jobangebot in Holland gelesen. Gesucht wurden Mitarbeiter für den Kundenservice in einem Callcenter mit Computer- und Englischkenntnissen. Jana bewarb sich, obwohl – wie sie selbst sagte – ihr »Ost-Englisch« ungenügend war. Es war wohl ein Akt der Verzweiflung und ihre letzte Hoffnung. Jana hatte zuvor als Serviceassistentin in Autohäusern, als Verkäuferin und zuletzt für eine Zeitarbeitsfirma im Elektronikmarkt gearbeitet. Jedoch war ihr dort betriebsbedingt gekündigt worden. Nach einer Übergangszeit mit Arbeitslosengeld drohte ihr Hartz IV. Und so wurde der Traum, in Holland ein neues Leben zu beginnen, auch zur Flucht vor Hartz IV. Schließlich bekam sie den Job in Amsterdam und wandte sich daraufhin an das Jobcenter in Lichtenberg, um die Übernahme der Umzugskosten zu beantragen. Das Jobcenter lehnte Janas Antrag einfach ab. Aus der Traum. Die junge Frau verließ enttäuscht und ratlos das Jobcenter. Zufällig kam sie an der Straßenuhr am Prerower Platz vorbei und sah auf der Werbefläche den Hinweis ihrer Abgeordneten: »Direkt gewählt – direkt erreichbar«. Ein Blick genügte, um kurz entschlossen die Telefonnummer 227 717 87 zu wählen, die unter meinem Slogan stand. Sie landete im Bundestagsbüro und sprach so schnell, als habe sie Angst, jeden Moment könnte der Hörer am anderen Ende der Leitung aufgelegt werden.

Aufgeregt erzählte sie: »Ich stehe hier unter Ihrer Uhr und habe Ihre Nummer gewählt, weil ich einfach nicht mehr weiterweiß.« Umringt von Baulärm und tosendem Straßenverkehr, berichtete sie mir von ihren Schwierigkeiten mit dem Jobcenter. Ich versprach ihr, mich zu kümmern, und das tat ich natürlich auch. Jana zog nach Holland und spricht heute bestes Holländisch. Ihr »Ost-Englisch« hat ihr dabei dann doch geholfen.

Auf mehreren Werbeflächen unter Straßenuhren hängt seit Jahren mein Foto mit dem Slogan »Direkt gewählt – direkt erreichbar«. Das ist ein teurer Spaß, aber ich habe meinen Entschluss, auf diese Art mit meinen Wählerinnen und Wählern in Kontakt zu kommen, nie bereut. Es reicht mir nicht, nur in Wahlkämpfen auf Plakaten sichtbar zu sein. Die Wählerinnen und Wähler haben doch ein Recht, ihre direkt gewählte Abgeordnete möglichst schnell zu erreichen. Meine Erfahrung ist, dass immer mehr Menschen von diesem Angebot Gebrauch machen. Bei unseren Straßenaktionen werde ich häufig angesprochen: »Sie sind doch die Frau Lötzsch auf der Uhr ...«

Kein Sommerloch in Lichtenberg

Das Sommerloch ist für viele Journalisten ein großes Problem. Die meisten Politiker sind im Urlaub, und es passiert für gewöhnlich recht wenig. Wie soll man da die Zeitungs-, Fernseh- und Rundfunkbeiträge füllen? In den Sommermonaten rufen daher verstärkt Journalisten auf der Suche nach spannenden Themen in meinem Büro an.

Tim Herden, ein Journalist aus dem ARD-Hauptstadtstudio, erzählte mir am Rande einer Pressekonferenz, dass er im Sommer Hiddensee-Krimis schreibe. Er habe auf Hiddensee ein kleines Häuschen und im Urlaub viel Zeit, sich spannende Geschichten auszudenken.

Später schickte er mir sein Buch. Ich bin zwar keine große Krimileserin, aber als Sommerlektüre mag ich sie dann doch. Und eine neue Idee entstand: Ein Krimisommer wäre doch ein gutes Angebot für die Menschen, die den Sommer in Berlin verbringen und unter dem medialen Sommerloch leiden.

Mit Tim Herdens Krimi »Norderende« nahm im Sommer 2014 alles seinen Anfang. Wir buchten den Lichtenberger Wasserturm. Ein wunderschöner, ruhiger Ort mit Blick auf den Obersee. Ideal für Lesungen. Bei gutem Wet-

1. Krimisommer in Lichtenberg mit dem Journalisten Tim Herden.

ter sitzt man draußen auf der Terrasse natürlich noch besser als drinnen im Turm. Eigentlich finde ich diesen Ort zu schön für Mord und Totschlag. Aber die Besucher haben damit kein Problem. Unsere Krimisommer sind jedes Jahr ausgebucht. Bei Cocktail oder Wein und exzellentem Flammkuchen macht es besonders Freude, den Kriminalgeschichten zu lauschen. Am Ende der ersten Lesung habe ich Tim Herden aufgefordert, einen neuen Krimi zu schreiben, weil ich wissen wollte, wie die Geschichte der Kriminalisten Rieder und Damp weitergeht. Angeblich schrieb er seinen dritten Krimi nur, weil ich ihn dazu gedrängt hätte.

Auf der Suche nach guten Autoren lese ich jetzt jedes Jahr mindestens vier Krimis, besonders gern solche mit regionalem Bezug, nicht nur über Hiddensee, sondern auch über Rügen und Berlin.

★ Lesen macht Aha

Ich kann mich noch gut daran erinnern, wie ich als Schulkind das erste Mal die Bibliothek »Passage« in der Volkradstraße 54 besuchte. Die Bücherregale waren riesig hoch und vollgestellt mit wunderbaren Büchern, die ich alle unbedingt lesen wollte. Ich konnte mich kaum sattsehen, nahm erst das eine Buch aus dem Regal, dann das nächste und noch eins. Die Entscheidung, welches Buch ich mit nach Hause nehmen wollte, fiel mir immer schwer. Die Lust am Lesen, um den eigenen Horizont zu erweitern, und natürlich die große Liebe zu Bibliotheken ist mir bis heute geblieben. Warum erzähle ich das?

2006 veranstalteten wir unser erstes Zuckertütenfest. Anlass waren besorgniserregende Zahlen: Viele Kinder haben große Schwierigkeiten beim Lesen. Ist es da nicht naheliegend, dass Schulkinder möglichst schnell unsere Bibliotheken kennenlernen und die vielen Büchern nutzen? Das Fest wurde ein großer Erfolg. Bereits ein Jahr später entstand aus dem Zuckertütenfest ein Bibliotheksfest, das seitdem die Lichtenberger Bibliotheken und der Verein »Gemeinsam in Lichtenberg« zusammen organisieren.

Darauf freuen sich schon viele ABC-Schützen und ihre Eltern. Geboten wird ein buntes Programm, das die Leselust der Kinder wecken soll. »TomTom« sorgt in der Anna-Seghers-Bibliothek mit Spielen, Geschichten und Zaubereien für gute Laune. Theater zum Mitmachen gibt es in der Egon-Erwin-Kisch-Bibliothek, und »Dudel-Lumpi« macht in der Bodo-Uhse-Bibliothek gar eine musikalische Reise rund um den Erdball. Obendrein erhält jedes Kind einen kostenlosen Bibliotheksausweis.

★ Tanz in den Mai

Katrin, meine Wahlkreisbüroleiterin, hatte unseren Tanz in den Mai zwar monatelang vorbereitet, erschien aber am 30. April 2013 nicht. Dafür kam am 1. Mai ihr Sohn Oskar zur Welt. Auch wenn wir den Abend ohne Katrin verbringen mussten, feierten wir mit fast hundert tanzfreudigen Menschen zwischen 6 und 85 Jahren. Wir hatten einen professionellen Tanzlehrer engagiert, der uns großartige irische Tänze beibrachte. Ich bewunderte ihn dafür, dass er nie den Überblick über die lange Schlange von Tänzerinnen und Tänzern verlor. Sie drehten sich, wechselten ihre Tanzpartner und fügten sich wieder zu einer Kette zusammen. Das war richtiger Sport. Nachdem wir uns in der Pause bei Bratwurst, Bier oder Wein gestärkt hatten, brachte uns die Lichtenberger Line-Dance-Gruppe wieder richtig in Schwung. Es hat allen so gut gefallen, dass daraus eine Tradition wurde. In den Folgejahren waren wir im Nachbarschaftszentrum Kiezspinne und in der Havanna-Bar. Wer schon einmal dort gewesen ist, wird mir zustimmen: Das sind gute Treffpunkte für Lichtenberger und ihre Gäste.

Der Betreiber der Havanna-Bar hat in den vergangenen zwei Jahren ordentlich Werbung für unseren Tanz in den Mai gemacht. Wochenlang hing ein großes Transparent mit dem Logo der Linkspartei an der Bar. Die Bewerbung für unsere Veranstaltungen vor oder in öffentlichen Gebäuden ist normalerweise recht kompliziert und, um im Bild zu bleiben, ein regelrechter »Eiertanz« oder sogar unmöglich. Ich finde das sehr ärgerlich. Parteien werden in dieser Frage häufig schlechter behandelt als Konzerne. Große Unternehmen sind durch Sponsoring-Verträge allgegenwärtig. Dabei steht doch im Grundgesetz, dass die Parteien bei der politischen Willensbildung des Volkes mitwirken sollen. Das geht natürlich nur, wenn die Mitwirkenden auch für ihre Veranstaltungen in der Öffentlichkeit werben dürfen.

★ Team Gesine Lötzsch gegen Zementwerk

Ein bisschen versteckt in der Ruschestraße findet man ein Lichtenberger Kleinod: die HOWOGE-Arena »Hans Zoschke«. Dieses Fußballstadion wurde 1952 erbaut und ist mit einer Kapazität von 9900 Zuschauern nach der Alten Försterei in der Wuhlheide das zweitgrößte reine Fußballstadion Berlins. Als das Ministerium für Staatssicherheit der DDR in den 70er Jahren rund um die Ruschestraße seine großen Bauten errichtete, sollte das Stadion eigentlich abgerissen werden. Das Komitee der Antifaschistischen Widerstandskämpfer und die Witwe von Hans Zoschke, Elfriede, verhinderten das aber erfolgreich. Elfriede Zoschke, so wurde mir erzählt, soll einen filmreifen Auftritt im Politbüro des ZK der SED hingelegt haben. Sie warf ihre Handtasche so zornig auf den Tisch, dass die anwesenden Genossen anschließend ihren Plan fallenließen.

Hans Zoschke, geboren 1910, wuchs in Lichtenberg auf und spielte im Sportclub »Empor« Fußball. Als ungelernter, aber sehr bildungshungriger Arbeiter schloss er sich einer antifaschistischen Widerstandsgruppe an. Er wurde 1942 verhaftet und 1944 im Zuchthaus Brandenburg hingerichtet, nachdem Roland Freisler, der berüchtigtste Strafrichter des faschistischen Volksgerichtshofes, ihn zum Tode verurteilt hatte. So viel zum Namensgeber und zur wechselvollen Geschichte des Stadions, das auch die Wirren der Wende überstand.

Die Fußballmannschaft von Lichtenberg 47 spielt noch immer auf dem Naturrasen der HOWOGE-Arena »Hans Zoschke«. Einmal im Jahr steht auch das Team Gesine Lötzsch auf dem Platz, denn dann findet vor dem allgemeinen Familienstadionfest ein Sponsorenfußballturnier statt. Wer eine Mannschaft zusammenbekommt und eine entsprechende Summe in die Vereinskasse legt, kann beim Kampf um die Pokale mitmachen. Tinko, Mitglied des Bezirksvorstandes der LINKEN Lichtenberg und »nebenbei« noch Referent im Bundestag, bringt immer eine leistungsstarke Mannschaft zusammen. Leider reicht die Zeit nicht, um vorher genügend zu trainieren, sonst würden die anderen Mannschaften sicher noch mehr Tore kassieren. Wie beim Profifußball warten wir jedes Mal angespannt auf die Auslosungen. Wird es wieder gegen Zementwerk oder gegen Notunterkunft (NUK) 1 oder 2 gehen? Die Mitglieder der NUK-Mannschaften stammen aus Afghanistan und Syrien. Sie wurden von unserer Fraktion im Kommunalparlament gesponsert. Übrigens gibt es bei Lichtenberg 47 nicht nur Fußball, sondern auch Boxen, Line Dance, Gymnastik und vieles andere mehr.

 Der Fall Emmely

Emmely, so kannte sie fast jeder. Emmely war ihr Kosename. Sie war Verkäuferin und wurde über die Landesgrenzen hinaus bekannt, weil sie angeblich zwei Flaschenpfand-Bonds in Höhe von 1,30 Euro hinterzogen haben sollte. Emmely bestritt diesen Vorwurf. Obwohl es keine Beweise gab, bediente sich ihr Arbeitgeber – die Kaiser's Tengelmann GmbH – der Verdachtskündigung und entließ die damals 51-jährige Verkäuferin fristlos. Emmely war Gewerkschafterin aus meinem Wahlkreis Berlin-Lichtenberg, die sich Ende 2007 aktiv am Einzelhandelsstreik beteiligt hatte. Kann es Zufall sein, dass ihr zwei Wochen später gekündigt wurde?

Die Mutter dreier Kinder verlor nach 31 Jahren nicht nur ihren Arbeitsplatz, sondern musste aufgrund der Hartz-IV-Gesetzgebung auch in eine kleinere Wohnung umziehen. Dieses große Unrecht empörte viele Menschen. Sie solidarisierten sich mit Emmely, organisierten Kundgebungen, machten ihr Mut, sich zu wehren. Emmely gab nicht auf, auch nicht, als sie in zwei Instanzen ihren Prozess verlor.

Ich wollte von der Bundesregierung wissen, ob die sogenannte Verdachtskündigung nicht elementaren Grundsätzen des Rechtsstaates widerspricht. Leider sah sie keinen Handlungsbedarf und stellte sich damit eindeutig an die Seite des Arbeitgebers zu Lasten des Arbeitnehmers. Unternehmen dürfen auch weiterhin ohne Beweise und vorherige Abmahnung Mitarbeiter entlassen. »Da stimmt etwas ganz gewaltig nicht in unserem System«, sagte Emmely damals und zog 2009 vor das Bundesarbeitsgericht, um Revision einzulegen. Sie hatte Erfolg. Mit dieser Entscheidung des Bundesarbeitsgerichts wurde die Möglichkeit eröffnet, Emmely juristisch und moralisch zu rehabilitieren. Insbesondere ein Artikel des Münchner Jura-Professors Volker Rieble hatte Emmely im Fachblatt *Neue Juristische Wochenschrift* als »notorische Lügnerin« beleidigt. Wie zynisch, wenn man weiß, dass die Rechtsprechung noch immer zwischen Arbeitgebern und Arbeitnehmern gravierende Unterschiede macht.

Die Freunde über Emmelys Sieg vor Gericht war leider nur von kurzer Dauer. Zwar kehrte sie an ihren Arbeitsplatz zurück, doch dann wurde sie krank und starb im März 2015 an Herzversagen.

★ Was tun?

Scherzhaft wird über Politiker der Linkspartei gern gesagt, dass die Presseerklärung ihre schärfste Waffe sei. Hinter dieser Selbstironie steckt ein ernsthaftes Problem. Die Menschen, die die LINKE wählen, wollen Erfolge sehen, egal ob wir in der Opposition oder in der Regierung sind. Wir haben einige Erfolge vorzuweisen, dazu zählt beispielsweise die Einführung des Mindestlohns in der Bundesrepublik. Den haben wir zu einer Zeit gefordert, als alle anderen Parteien und auch Gewerkschaften dagegen waren. Wir waren eine treibende Kraft. Leider werden solche Erfolge schnell vergessen. Ich bin sogar gefragt worden, warum die LINKE sich nicht zum Mindestlohn äußere. Obwohl wir uns unentwegt für seine Einführung eingesetzt haben, heißt das noch lange nicht, dass alle Menschen davon wissen.

Auf der Straße oder in meinen Sprechstunden wollen Menschen wissen, was wir als Linkspartei eigentlich erreichen können. Die Bürgerinnen und Bürger erwarten mehr als Presseerklärungen, sie wollen Veränderungen. Viele Menschen sind bereit, selbst etwas zu tun, die Frage ist nur, wie Einzelne etwas in dieser Gesellschaft verändern können.

2006 habe ich die Broschüre »Was tun gegen Rechtsextremismus?« herausgegeben. Kurz und knapp wird erklärt, was strafbar ist, wie man eine Strafanzeige stellt, was man tun kann, wenn Nazis versuchen, öffentliche Räume und Anlagen für ihre Veranstaltung zu mieten usw. Die erste Auflage war schnell vergriffen. Eine zweite von 100 000 Stück ging weg wie warme Semmeln.

Für mich wurde wieder deutlich, dass das ganze Gerede von Politikverdrossenheit nicht stimmt. Wenn Menschen ein Problem erkannt haben und Lösungswege sehen, dann wird das Problem auch ohne Vorgaben von Oben gelöst. Das beste Beispiel ist das Engagement vieler Menschen zur Unterstützung von Flüchtlingen. Ich habe besonders viele junge Menschen getroffen, die der Auffassung waren, dass die Organisation der Flüchtlingshilfe kein unlösbares Problem ist. Das wussten sie schon, bevor die Kanzlerin verkündete: »Wir schaffen das!«

★ Autogramm auf dem Örtchen

Auch wenn mancher meint, Politik ähnele immer mehr dem Entertainment, ist mir persönlich dieser Gedanke fremd. Dennoch gibt es natürlich Attribute des Showgeschäfts, die daran erinnern – zum Beispiel Autogrammkarten. Ja, ich habe welche, und ich werde auch häufig danach gefragt. Viele Sammler wollen einfach etwas Persönliches, und es freut mich natürlich, wenn mich jemand erkennt und ein signiertes Foto von mir besitzen möchte.

Die ungewöhnlichste Situation, in der ich um ein Autogramm gebeten wurde, erlebte ich in einer Autobahnraststätte. Wir kamen von einer Wahlkampfveranstaltung in Sigmaringen zu den Landtagswahlen 2011 in Baden-Württemberg und wollten nachts nach Berlin zurück. Die Strecke schien endlos lang, und wir legten in Thüringen eine Pause ein. Ich nutzte die Gelegenheit und ging auf die Toilette. Sie war blitzsauber, und die Toilettenfrau schien politisch interessiert zu sein. Sie fragte mich in unnachahmlichem Thüringisch: »Sachen Se mal, sin Se nisch de Gäsine Lötzsch? Joa? Oh, gann isch ä Audogramm haben?«

Ich erfüllte ihr den Wunsch, und sie strahlte mich an. Bevor wir ihr Reich verließen, meinte sie: »Was mein Se, wer hier scho alles mal mussde? Roland Gaiser, och der Bodo Remmelow, de Andrea Berk. Ihre stegge ich jetzte och an de Pinnwand.« Sie gab mir die Hand und wünschte mir alles Gute.

Ob mein Autogramm noch immer in der Thüringer Raststätte hängt, weiß ich nicht, aber ob ich will oder nicht: Manchmal hängen Politik und Entertainment eben doch eng zusammen.

 ## *Mach deinen eigenen Film*

Der 26. April 2003 war ein sonniger Samstag, und in meinem Kalender standen zwei Jugendweihefeiern im »Colosseum«. Ich sollte die Festreden halten. Überpünktlich traf ich am Veranstaltungsort ein und hatte genügend Zeit, die Szenerie zu beobachten. Das bereitet mir immer großes Vergnügen. Ich konnte beobachten, dass die Aufregung wegen des feierlichen Tages auf Kinder, Eltern, Geschwister und Großeltern gleichmäßig verteilt war. Die »Jugendweihlinge« waren festlich gekleidet.

Da die Feier in einem Kino stattfand, hatte ich in meiner Rede auch den direkten Bezug zum Film gewählt. Ich sagte den Jugendlichen, ab heute müssten sie Regie in ihrem eigenen Lebensfilm führen. Die Eltern, die das bisher getan hätten, würden mehr und mehr zu Assistenten werden. Die Reaktion auf meine Worte ließ nicht lang auf sich warten. Die Kinder, ach nein, die Jugendlichen drehten sich zu ihren Eltern um und nickten ihnen bestätigend zu.

Mir war es wichtig, den Jugendlichen zu sagen: Egal wie ihr Film werden würde, ob Komödie, Krimi oder Melodram, er sollte in jedem Fall würdevoll sein. Ich bat sie, sich den Satz aus dem Grundgesetz »Die Würde des Menschen ist unantastbar« zum Leitmotiv ihres Lebens zu machen.

Nach der Veranstaltung erfuhr ich, dass meine Rede gut angekommen war. Als ich nach Hause ging, dachte ich, wie gern ich den einen oder anderen »Weihling« später einmal wiederträfe. Ich wäre gespannt, woran sie sich nach ein paar Jahren noch erinnern und vor allem, wie ihr Film des Lebens geworden ist.

Weihnachten bei Jenny De la Torre

Dagmar Enkelmann, unsere langjährige Parlamentarische Geschäftsführerin, machte den Anfang. Regelmäßig sammelte sie mit viel Elan von allen Abgeordneten der Bundestagsfraktion und deren Mitarbeitern Spenden, die denen zugute kommen, die am Rande der Gesellschaft leben müssen. Seit vielen Jahren schon treffen wir uns regelmäßig zur Weihnachtszeit in Berlin-Mitte in der Pflugstraße 12 bei Jenny De la Torre, um unsere Spenden bei ihr abzugeben. Die peruanische Ärztin Jenny De la Torre hatte im Dezember 2002 ihre Stiftung gegründet, die sich um die medizinische Versorgung von Obdachlosen kümmert. Die Hilfeleistungen werden ohne Ansehen der Person und der Umstände gewährt. Für viele dieser

Menschen ist Jenny, die eigentlich Kinderchirurgin ist, die letzte Rettung und die einzige Hoffnung. Sie versorgt in ihrer Praxis Menschen in Not, die über keine Krankenversicherung verfügen oder die aus Scham den Weg in reguläre Arztpraxen scheuen.

Zur Seite stehen ihr dabei Gleichgesinnte: ein Augen-, ein Haut- und ein Zahnarzt, ein Orthopäde, ein Internist, ein Psychologe, ein Anwalt und ein Friseur und natürlich Krankenschwestern und Pfleger. Sie unterstützen Jennys Arbeit ehrenamtlich.

Die Stiftung finanziert sich ausschließlich über Spenden. Für ihre bewundernswertes Engagement wurde Jenny De la Torre mit dem Bundesverdienstkreuz und mit der »Goldenen Henne«, dem Medienpreis der *Superillu,* ausgezeichnet. Sie wurde sogar mit einem Ehrendoktor der Humboldt-Universität Berlin gewürdigt und unterrichtet als Gastdozentin Medizinstudenten in der Behandlung von Obdachlosen.

Immer im Monat Dezember berichten Medien über die kleine Frau, deren Energie niemals zu versiegen scheint. Dann nämlich, wenn zur Adventszeit für alle Patienten eine Weihnachtsfeier ausgerichtet wird, die von Herzen kommt. Auch 2015 und 2016 konnten trotz einer weiteren Spendensammlung für Flüchtlingskinder von uns wieder zahlreiche Geschenke, Kleidung, Süßigkeiten und jede Menge Lebensmittelkonserven überreicht werden. Seit vielen Jahren schon bewundere ich Jenny De la Torre. Ohne sie wäre unsere Gesellschaft kälter. Sie behandelt nicht nur Patienten, sondern auch ein bisschen unsere Gesellschaft. Und wir sind uns beide einig, wir wollen eine Gesellschaft, in der es keine Obdachlosen mehr gibt.

★ Alle Plätze besetzt

Computerarbeitsplätze sind in meinem Büro Mangelware. Manchmal besetzt sogar Klaus, mein Büroleiter, meinen Arbeitsplatz, weil er von seinem verdrängt wurde. Nicht dass mir weniger Computer in meinem Büro zur Verfügung stünden als anderen Abgeordneten, ich beschäftige einfach immer viele junge Leute. Es sind Schülerpraktikanten, die in der neunten Klasse für eine oder zwei Wochen das reale Leben kennenlernen sollen und sich bei mir bewerben. Es sind Studierende aus den Berliner Universitäten, die ihr Pflichtpraktikum im Bundestag durchführen oder als studentische Mitarbeiterinnen und Mitarbeiter Briefe beantworten, Termine planen und Besuchern den Bundestag zeigen. Nicht zu vergessen die Studierenden aus Georgien, Tunesien, Frankreich und vielen anderen Ländern, die das Internationale Parlaments-Stipendium erhalten haben.

Ich freue mich, wenn die Jugendlichen am Ende ihrer Arbeit in meinem Büro voller Begeisterung über Politik sprechen. Selbst die, die Politik an der Universität studieren, staunen über den aufregenden Betrieb, der fern von aller grauen Theorie ist. Politikverdrossenheit habe ich in meinem Büro noch nie erlebt. Die Mutter eines Schülerpraktikanten sagte mir einmal, dass sie noch nie die LINKE gewählt habe, aber nach dem Praktikum ihres Sohnes würde sie es tun. Nicht weil ihr Sohn viele gute linke Argumente mit nach Hause gebracht hätte, sondern weil er sich plötzlich für eine Sache begeistern konnte.

OPPOSITION
IST NICHT MIST

 **Republikaner-Aufkleber
an den Büroschränken**

Am 2. Dezember 1990 fanden nicht nur die Wahlen zum
ersten gesamtdeutschen Bundestag statt, sondern auch
die Wahlen zum ersten Gesamtberliner Abgeordnetenhaus. In beide Parlamente zog die PDS ein. Auf vielfältige
Art wurde uns deutlich gemacht, wie unerwünscht wir
waren.

Bis zur Wahl 1990 waren die Republikaner im Abgeordnetenhaus vertreten. Im Dezember schafften sie es
nicht mehr. Als es um die Raumverteilung im Rathaus
Schöneberg, dem damaligen Sitz des Abgeordnetenhauses, ging, wies man uns Räume zu, in denen zuvor die Republikaner gesessen hatten. Als Erinnerung hinterließen
sie uns ihre Parteiaufkleber an den Schränken, die von
der Verwaltung des Abgeordnetenhauses erst auf unsere
ausdrückliche Intervention hin entfernt wurden.

Ich war zu diesem Zeitpunkt Fraktionsvorsitzende der
PDS. Mein Büro war etwa ein Zehntel so groß wie das
des Vorsitzenden der CDU-Fraktion, Klaus-Rüdiger Landowsky. Auch Raumfragen sind Machtfragen. Das sollte
ich später im Bundestag in der Zeit von 2002 bis 2005 noch
oft genug zu spüren bekommen.

Einen kleinen Vorgeschmack darauf, dass man uns in die Republikaner-Ecke schieben wollte, bekamen wir bereits im Frühjahr 1990. Im Mai jenes Jahres war eine neue Stadtverordnetenversammlung gewählt worden. Da alles auf die Vereinigung beider deutscher Staaten zulief, wurden sowohl im Berliner Abgeordnetenhaus als auch in der Stadtverordnetenversammlung Ausschüsse für die Einheit Berlins gegründet. Die PDS stellte fünf Mitglieder. Ich war dabei. Im Sitzungssaal plazierte man uns dann neben den Republikanern, so dass die Vertreter der CDU mehrmals genüsslich sagen konnten: »Dort hinten, wo die Republikaner und die SED sitzen.« Das ist Geschichte, doch sie zeigt, wie schwierig es auch für »gelernte Demokraten« ist, Ergebnisse von Wahlen zu akzeptieren, wenn nicht sein darf, was nicht sein soll.

 ## »Jede Zahl in diesem Haushalt ist besser frisiert ...«

... als alle Finanzminister der Bundesrepublik zusammen.« Das sagte ich dem Fernsehsender n-tv, in dem ich am 1. November 2005 mit dem FDP-Politiker und Vizepräsidenten des Bundestages Hermann Otto Solms über die Staatsfinanzen diskutierte. Es ist doch paradox: Nach jeder Wahl werden riesige Haushaltslöcher entdeckt. Es wird nach Einsparungen gerufen, und trotz dieser Einsparungen werden die Haushaltslöcher immer größer. Wenn das seit vielen Jahren kontinuierlich so geschieht, müssten die verantwortlichen Politiker doch einmal über einen Kurswechsel nachdenken, so meine Forderung in der n-tv-Sendung. Die Empörung bei Hermann Otto Solms war – wie zu erwarten – groß. Kurze Zeit später ging es ebenso um Personalentscheidungen und Haushaltspolitik bei »Klipp und klar« im Berlin-Brandenburg-Fernsehen. Und wieder wurde ich als Gast in diese Talkshow eingeladen. Das Szenario glich dem von n-tv: Ausgerechnet der CDU-Vertreter warf mir vor, nicht das Land regieren zu wollen. Interessant, welche Wünsche es in der CDU gibt.

Pfeifen zur Wahl

Je näher Wahltermine rücken, desto häufiger liegen die Nerven blank – auf allen Seiten. Das zeigt sich auf sehr unterschiedliche Weise. Da werden Plakate beschmiert oder heruntergerissen, seit Facebook und Twitter auch persönliche Diffamierungen und Bedrohungen in den sogenannten sozialen Medien veröffentlicht.

Manchmal geht es auch recht traditionell zu. Bei einer Wahlkundgebung im Herbst 2006 gemeinsam mit Gregor Gysi am Linden-Center in Hohenschönhausen drängte sich eine Gruppe von jungen Männern in CDU-Shirts mit Trillerpfeifen zwischen die Zuhörer, um den Auftritt von Gregor zu stören und seine Anhänger zu provozieren. Gysi reagierte entsprechend: »Sie können sich entscheiden, ob Sie diese Pfeifen wählen wollen oder uns!«

Die CDU-Truppe war extra von außerhalb angereist. Fern von Mutti wollten sie augenscheinlich »die Sau rauslassen« und damit prahlen, wie mannhaft sie sich im gefährlichen Berlin geschlagen haben. Dumm gelaufen!

★ *Zählgemeinschaften*

Ich werde von Bürgern häufig gefragt, wie eigentlich die Bürgermeister in den Berliner Bezirken gewählt werden. An einem Beispiel kann man das recht deutlich erklären.

Im Jahr 1992 fanden zwischen zwei Wahlen zum Abgeordnetenhaus Kommunalwahlen statt. Diesmal galt das Proporzsystem berlinweit. Das heißt, die Partei mit den meisten Wählerstimmen stellt den Bürgermeister, und entsprechend dem Wahlergebnis stellen alle nachfolgenden Parteien Stadträte. Da nun aber die PDS die stärkste Partei im Osten war, musste ein neuer Trick her. Die Gesetzeslage wurde dahingehend geändert, dass nicht mehr ausschließlich der stärksten Fraktion das Recht zustand, einen Kandidaten oder eine Kandidatin für das Bürgermeisteramt zu stellen, sondern auch einer sogenannten Zählgemeinschaft, die stärker sein musste als die größte Fraktion. Eine Lex PDS wurde geschaffen. CDU und SPD, insgesamt auf Landesebene für elf Jahre ununterbrochen in Großer Koalition vereint, wollten auf diese Weise die Rathäuser unter sich aufteilen.

Parallel zu dieser Angstdiskussion von CDU und SPD lief in meiner eigenen Partei eine Debatte, ob wir uns überhaupt an dieser Wahl beteiligen sollten, und wenn ja, dann wenigstens, ohne eigene Stadträte (Dezernenten) zu stellen. Wie so häufig in der Geschichte: Einige derjenigen, die von der Wahlteilnahme abrieten, sind heute die größten Befürworter von Regierungsbeteiligungen.

★ Umbau für Millionen?

In der Zwei-Frauen-Zeit von Petra Pau und mir berichteten die Medien immer wieder über die Arbeitssituation von uns beiden. Im Januar 2003 hatte der Bundestag unsere Anträge über unsere Rechtsstellung abgelehnt. MDR und ARD zeigten die schönsten Ausschnitte aus der Rede des SPD-Abgeordneten Uwe Küster, der übrigens im Namen aller Fraktionen sprach. Er malte wortreich aus, wie Petra Pau und ich den Bundestag mit Anträgen und Fragen lahmlegen, geradezu die Bundesrepublik funktionsuntüchtig machen würden. Wir waren einmal mehr beeindruckt, was man uns alles zutraute. Die Fernsehsender hatten noch weitere Stellungnahmen eingeholt. Der damalige Geschäftsführer der SPD-Fraktion, Wilhelm Schmidt, verstieg sich sogar zu der Aussage, dass man unseretwegen doch nicht den Reichstag für Millionen umbauen könne. Dabei wäre die Lösung so einfach gewesen: Man gibt uns einen der vorhandenen Tische und vor allem mehr parlamentarische Rechte wie Kleine Anfragen, Aktuelle Stunden. Das kostet keinen Cent, sondern bereichert die Demokratie.

Wilhelm Schmidt bin ich noch ab und zu im ZDF-Fernsehrat begegnet. Da sprach er mich immer mit einem vertraulichen »Grüß dich, Gesine!« an.

Derartige »parlamentarische Gepflogenheiten« irritierten mich von Anfang an – jemanden öffentlich in den Hintern zu treten und dann zum freundlich-vertraulichen »Du« überzugehen –, daran werde ich mich nie gewöhnen.

★ Vizepräsidentenwahlen

Im Jahr 2005 zogen mit Gregor Gysi und Oskar Lafontaine an der Spitze 54 Abgeordnete als Vertreter der Linkspartei.PDS in den Bundestag ein. Als Fraktion stand uns ein Platz im Präsidium zu. Unsere Fraktion stellte Lothar Bisky zur Wahl auf. Der Bundestag demütigte Lothar, indem er ihn viermal durchfallen ließ. Keiner aus unserer Fraktion hatte diese eiskalt inszenierte Kränkung erwartet, geschweige denn voraussehen können. Dass es unterschiedliche Wahlergebnisse für die einzelnen Kandidaten gab, war üblich, aber nicht, dass jemand durchfällt. Wer die Berichterstattung von Plenarsitzungen des Bundestages verfolgt, weiß, dass die Sitze im Saal wie eine große Torte angeordnet sind. Je nach Fraktionsstärke werden auch die Sitze vorn in der ersten Reihe zugewiesen. Wir hatten in dieser Legislaturperiode nur einen Platz in der ersten Reihe.

Da ständig genau beobachtet wurde, ob es zwischen den Fraktionsvorsitzenden Gregor Gysi und Oskar Lafontaine Konkurrenzkämpfe geben würde, beschlossen beide, niemals in der ersten Reihe des Plenarsaals Platz zu nehmen. Nun musste Lothar Bisky die »Urteilsverkündung« allein in der ersten Reihe ertragen, eine fürchterliche Situation.

Nach der vierten Wiederholung stellte sich Lothar Bisky nicht mehr zur Wahl.

Bei einem dieser Wahlgänge waren Mitglieder des Bundesrates anwesend, für Berlin unter anderem Klaus Böger von der SPD. Er äußerte sich fassungslos über den Vorgang und sagte leichtsinnigerweise: »Das wäre in Berlin nicht passiert.« Ich musste ihn berichtigen. Es ist passiert. Im Jahr 1995 hatte mich die Fraktion der PDS als Kandidatin für das Amt der Vizepräsidentin im Berliner Abgeordnetenhaus nominiert. Auch ich wurde viermal nicht gewählt. Sogar das Berliner Verfassungsgericht befasste sich mit dem Vorgang. Böger hatte die Angelegenheit völlig verdrängt. Dann fiel ihm ein, dass er zu dieser Zeit sogar Fraktionsvorsitzender der SPD gewesen war.

Weder im Abgeordnetenhaus noch im Bundestag hatte die CDU die absolute Mehrheit. Sie konnte also nicht allein unsere Wahl verhindern. SPD und Bündnis 90/ Grüne haben kräftig mitgewirkt. Wie unwürdig und wie peinlich!

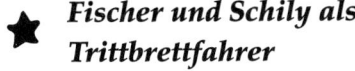 ### *Fischer und Schily als Trittbrettfahrer*

Im November 2002 passierte mir etwas Unglaubliches: Mitglieder der Bundesregierung griffen sofort eine Idee von mir auf. Und das kam so.

Ich ließ mich mit fünf Schornsteinfegerinnen und Schornsteinfegern fotografieren. Das Foto war für einen Neujahrsgruß bestimmt. Der Ort, an dem das Foto aufgenommen wurde, war und ist ein beliebter Treffpunkt von Berliner Politikern und Journalisten, das Café Einstein Unter den Linden. Die Sonne ließ den ersten Schnee des Jahres glitzern, und die schwarz gekleideten Glücksbringer um mich herum versprachen allen Empfängern meiner Neujahrkarte einen guten Start für 2003. Das Fotoshooting auf der belebten Straße wurde offenbar mit großem Interesse auch von den Bundesministern Otto Schily und Joschka Fischer beobachtet, die im Café Einstein ihr Mittagessen einnahmen. Kaum war mein Fototermin beendet, ließen sich die beiden ebenfalls mit »meinen« Glücksbringern ablichten. Ob's noch genutzt hat? Ich glaube nicht, dass sich Glück so einfach kopieren lässt.

★ Mövenpick-Partei

LINKE sind dafür bekannt, dass sie sehr lange Sitzungen abhalten und jeder einzelne LINKE auch endlos am Stück reden kann. Manchmal rufe ich in meinem Büro an und beklage mich über »lebenszeitverkürzende« Debatten. Ich befürchte, ich habe eine Sitzungsallergie. In unserer Fraktion gibt es häufig heftige Diskussionen, wer wie lange in der Bundestagsdebatte reden darf. Man muss wissen, dass es im Bundestag feste Regeln gibt, wie lange die Regierungskoalition und die Oppositionsparteien sprechen dürfen. Diese Regeln werden allerdings oft gebrochen.

Ein Zusammenhang zwischen langen Redezeiten und guten Wahlergebnissen ist für mich trotzdem nicht erkennbar.

Ohne Bundestagsfraktion hatten Petra Pau und ich für jeden Tagesordnungspunkt nur vier Minuten Redezeit. Das war eigentlich ausreichend. Man muss nur auf den Punkt kommen. Natürlich ist das nicht immer ganz einfach.

In meinem Büro diskutieren wir immer wieder, wie ich mit wenigen Worten alles Wesentliche sagen könnte. Und manchmal reicht sogar nur ein Wort, um viele Menschen zu erreichen. Ein solches Wort war die »Mövenpick-Partei«. Zu diesem Begriff habe ich bei Google in weniger als einer Sekunde 20 300 Ergebnisse gefunden. Mancher erinnert sich vielleicht noch: Die FDP hatte innerhalb eines Jahres Spenden von insgesamt 1,1 Millionen Euro von

August von Finck erhalten. Der CSU hatte von Finck 2008 insgesamt 820 000 Euro zukommen lassen. Seine Familie ist Haupteigentümer der Mövenpick-Gruppe, die in Deutschland 14 Hotels betreibt. Die Hotel-Lobby wollte, dass der Mehrwertsteuersatz für Hotelübernachtungen halbiert wird. Gleich nach der Wahl wurde dieser Wunsch von der Bundesregierung schnurstracks erfüllt. Der *Spiegel* schrieb: »Die Linken-Abgeordnete Gesine Lötzsch nannte die Liberalen deswegen ›Mövenpick-Partei‹ und forderte die Regierung auf, den Haushalt zurückzuziehen. Dieser sei ein Haushalt von Lobbyisten für Lobbyisten.«

Die FDP erholte sich von der Mövenpick-Spende nicht mehr und flog 2013 aus dem Bundestag. Sie hatte es mit der Klientelpolitik deutlich übertrieben. Erstaunlich war aber – und viele FDP-Abgeordnete waren darüber sehr sauer –, dass die CSU so ungeschoren davonkam.

 ## Revolte im Bundesrat

Im Haushaltsausschuss ist es häufig so voll wie in der Berliner S-Bahn im Berufsverkehr. Mit dem Unterschied, dass es in der S-Bahn ruhiger ist. Das ist nicht immer so angenehm, wenn man als Vorsitzende den Überblick über die mehr als 300 Milliarden Euro behalten will, die im Haushaltsausschuss jedes Jahr verteilt werden. Dort sitzen ja nicht nur die Abgeordneten und ihre Mitarbeiter, sondern auch Minister, Staatssekretäre und sehr viele Beamtinnen und Beamte aus den Ministerien. Die Verteidigungsministerin kommt mit besonders vielen hochrangigen Offizieren im Gefolge. Sie sollen der Ministerin, wenn sie mal nicht mehr weiterweiß, die notwendigen Zahlen ins Ohr flüstern. Auch Vertreter des Bundesrates haben das Recht, den Verhandlungen im Haushaltsausschuss beizuwohnen. Sie dürfen sich sogar zu Wort melden, was sie aber in der Regel nicht tun.

Um die stets dramatische Stuhlknappheit im Ausschuss etwas zu entspannen, schlug ich vor, dass die Bundesratsbeamten auf der Galerie im Haushaltsausschuss Platz nehmen sollten. Die Obleute aller Fraktionen waren mit der Regelung einverstanden. Doch ich ahnte nicht, welch gewaltige Welle der Empörung ich unter den Beamten des Bundesrates auslöste. Plötzlich wollten Länder-Minister mit mir Termine vereinbaren, um über diese Regelung ausführlich zu sprechen. Auch ein Landes-Minister der LINKEN, der mich noch nie angerufen hatte, war plötzlich am Telefon und drückte seine schwerwiegenden Bedenken aus. Ich hätte nie gedacht, dass eine so kleine organisatorische Veränderung diesen Wirbel auslösen würde. Ich versicherte allen hochrangigen Beschwerdeführern, dass ich nicht die Absicht hätte, die Rechte des Bundesrates einzuschränken. Nach einigen Monaten hatten sich die Gemüter wieder beruhigt. Die Landes-Beamten sitzen jetzt auf der Galerie und können wie Feldherren das Treiben auf dem Schlachtfeld der Finanzen verfolgen.

 ### Mein Stern-Interview wird nicht gedruckt

Im Frühjahr 2011 rief in unserer Pressestelle ein bekannter Journalist der Zeitschrift *Stern* an und bat um ein großes doppelseitiges Interview mit mir. Er warb für eine Home-Story mit schönen Fotos von mir, meiner Wohnung und meinen Lieblingsplätzen, an denen ich gern verweile. Jeder, der mich etwas kennt, weiß, dass ich sehr gern unter

Menschen bin, aber meine Wohnung für die Öffentlichkeit tabu ist. Nur unter diesen Bedingungen ließ ich mich auf das Interview ein.

Die Redaktion scheute weder Kosten noch Mühen. Sie schickte am Vortag des vereinbarten Interviewtermins einen renommierten Fotoreporter aus Hamburg, der mit unserer Pressesprecherin Fotomotive und Lichtverhältnisse checkte, damit am folgenden Tag alles wie am Schnürchen laufen konnte.

Als Ort, an dem das Interview stattfinden sollte, wünschte ich mir das Theater an der Parkaue. Seit meinen Kindertagen habe ich zum Theater eine enge Beziehung und unterstütze es auch heute immer noch tatkräftig. Die Mitarbeiterin für Öffentlichkeitsarbeit des Theaters war von der Idee begeistert und organisierte sogleich eine Maskenbildnerin und eine sehr stimmungsvolle Kulisse, in der das Interview samt Fotoshooting stattfinden konnte. Alles war perfekt vorbereitet. Die Redaktion war einverstanden.

In der Morgensonne des darauffolgenden Tages stiegen der Fotograf und ich auf das Dach des Ring-Centers. Da waren Kondition und Schwindelfreiheit gefragt. Gern folgte ich seinen Anweisungen: Bitte nach rechts drehen, bitte mehr lächeln, bitte diese oder jene Pose. Wir fanden rasch einen guten Draht zueinander.

Anschließend fuhren wir für das Interview ins Theater. Dort kam dann alles anders als gedacht. Der Journalist brachte zur Verstärkung seinen Vorgesetzten mit. Die von uns gewählte Location für das Interview behagte den beiden nicht. Sie bevorzugten einen kahlen Raum, einen Tisch, drei Stühle. Nun gut, es kommt ja auf den Inhalt an. Doch die Stimmung veränderte sich und ließ nichts Gutes ahnen. Was dann folgte, ist mir in meiner langen

»Beziehung« zu Journalisten so noch nie passiert. Beide Redakteure verfolgten von Anfang an eine klare Strategie: Ich sollte mich von meinen Wählerinnen und Wählern distanzieren, und sie versuchten, mich als »Provinznudel« darzustellen. Lichtenberg sei kein normaler Wahlkreis in der Bundesrepublik, tiefste Ostprovinz, hier war das Stasi-Hauptquartier, und hier wirkten noch immer die alten Kräfte, behaupteten beide Journalisten. Meine Gegenargumente stießen auf Beton. Ich blieb bei meiner Meinung und führte Argumente über die enorme Entwicklung von Lichtenberg »ins Feld«. Und ich stellte Gegenfragen: Wer richtet über die Wertigkeit von Wählerstimmen? Journalisten etwa? Ist eine Stimme für die CDU oder die SPD mehr wert als eine für die LINKE?

Nach über zwei Stunden war das Interview beendet. Am nächsten Tag rief einer der beiden Journalisten an und erklärte wortreich, warum der *Stern* das Interview mit mir nicht drucken werde. Es hätte keinen Wert für die Redaktion gehabt. Ich sei nicht kooperativ gewesen. Meine Begründung für die Absage lautet:

Ich bin ihnen nicht auf den Leim gegangen.

ZIVILCOURAGE

 Lesen gegen das Vergessen

Bebelplatz in Berlin am 10. Mai 2016: Helga Elias, Kulturreferentin unserer Fraktion im Berliner Abgeordnetenhaus, hat eine schöne Tradition über die Wendezeit hinweg gerettet. Sie organisiert jedes Jahr das »Lesen gegen das Vergessen«. Mit dieser Veranstaltung wird am 10. Mai der Bücherverbrennung von 1933 gedacht. Studenten im ganzen Land hatten damals unliebsame Bücher zusammengekarrt und auf Scheiterhaufen verbrannt. In Berlin fand die Bücherverbrennung auf dem Opernplatz, dem heutigen Bebelplatz, statt. Studenten der Friedrich-Wilhelm-Universität warfen Bücher von Brecht, Heine, Tucholsky, Marx und vielen anderen Autoren ins Feuer. Diese Bücher sollten aus dem Gedächtnis der Menschheit gelöscht werden. Das ist nicht gelungen.

Als Abgeordnete des Berliner Abgeordnetenhauses ließ ich keine dieser Lesungen unter freiem Himmel aus. Mit meiner Wahl in den Deutschen Bundestag wurde daraus eine Fraktionsveranstaltung. Ich kann gar nicht alle Menschen aufzählen, die sich an diesen Lesungen beteiligt haben. Auf jeden Fall möchte ich die Schriftstellerin Elfriede Brüning nennen, die bis zur ihrem Tod 2014 bei jeder Lesung dabei war. Sie hat die Bücherverbrennung 1933 erlebt und darüber eindrucksvoll geschrieben.

Immer wieder luden wir auch Berliner Schulklassen ein. Schülerinnen und Schüler trugen eigene Texte vor, die sich mit dem Thema aktuell auseinandersetzten.

Die Künstlerinnen und Künstler können selbst entscheiden, was sie vortragen wollen. 2016 nahm die Schriftstellerin Jenny Erpenbeck teil, deren jüngstes Buch »Gehen, ging, gegangen« mich sehr beeindruckt hat. Auf unserer Veranstaltung las sie Gedichte von Johannes R. Becher, die man heute eher selten hört.

Alle Künstlerinnen und Künstler treten zum »Lesen gegen das Vergessen« ohne Gage auf. Das ist heute nicht unbedingt selbstverständlich. Offensichtlich ist es für sie ein inneres Bedürfnis, ein Zeichen für die Kultur und gegen Faschismus, Rassismus und Fremdenfeindlichkeit zu setzen.

Besonders gern erinnere ich mich auch an einen Auftritt von Micha Ullman. Er schlenderte am 10. Mai 2012 zufällig über den Bebelplatz und schaute unbeachtet von vielen Teilnehmern unserer Veranstaltung zu. Ich erkannte ihn und bat ihn zu uns auf die Bühne. Micha Ullman ist israelischer Künstler. Er hat das Denkmal zur Erinnerung an die Bücherverbrennung geschaffen, das in einem Raum unter dem Bebelplatz eingelassen ist. An dessen weißen Wänden befinden sich leere Regale für 20 000 Bände. Eine Glasplatte zwischen den Pflastersteinen des Platzes gibt den Besuchern den Blick frei auf diesen entleerten Raum. Nichts stört, nichts beschwichtigt die Gedanken an dieses Verbrechen. Für mich ist es eines der eindrucksvollsten Denkmale Berlins. Micha Ullman lehnte es lange Zeit ab, auf den Bebelplatz zu kommen. Er war verärgert, dass über dem Denkmal Modeschauen und in der Weihnachtszeit Eisstockschießen veranstaltet wurde. Immer wieder habe ich den Eindruck, dass der

Berliner Senat für ein paar Silberlinge die Stadt zum Rummelplatz umbauen lässt. Das ist nicht nur eine Zumutung für die Berlinerinnen und Berliner, es ist auch würdelos. Viele Einwohner unserer Stadt wandten sich daher mit einer Petition an das Berliner Abgeordnetenhaus mit der Forderung, dieser Kulturlosigkeit auf dem Bebelplatz ein Ende zu setzen, und hatten damit schlussendlich auch Erfolg.

Gesicht zeigen

Parlamentarische Arbeit endet für mich nicht freitags und erst recht nicht an der Tür des Bundestages. Als ich am frühen 9. Juni 2007, einem Samstagmorgen, vom brutalen Überfall eines rechtsextremen Schlägertrupps auf Mitglieder des Theaterensembles Halberstadt in Sachsen-Anhalt erfuhr, war ich schockiert. Die »Rocky Horror Show« endete nach der Vorstellung für 14 Tänzer und Schauspieler im Krankenhaus.

Kurz entschlossen besuchte ich gemeinsam mit den Mitgliedern unserer Fraktion Katrin Kunert, Elke Reinke und Roland Claus aus Sachsen-Anhalt sowie vierzig Mitarbeiterinnen und Mitarbeitern die nächste Vorstellung der »Rocky Horror Show« im Harzer Bergtheater Thale.

Wir wollten vor Ort ein Zeichen setzen und ebenso Gesicht gegen die Neonazis zeigen wie die Mitglieder des Theaterensembles. Es wurde ein unvergesslicher Theaterabend.

Gut ausgerüstet mit allen Utensilien, gaben wir uns als Fans der »Rocky Horror Show« zu erkennen. Wir sahen ein mitreißendes Musical, dem auch der strömende Regen nichts anhaben konnte. Der Himmel hatte sämtliche

Schleusen geöffnet, so dass unser Beharrungsvermögen unter Schirmen und Capes auf die Probe gestellt wurde. Die romantische Kulisse des Bergtheaters bot uns einen atemberaubenden Blick ins nördliche Harzvorland. Ein malerischer Regenbogen setzte unserer Stimmung die Krone auf.

Nicht nur wegen der Tanzeinlagen in High Heels auf matschigem Boden sind solche Freiluftvorstellungen jedes Mal eine Herausforderung für die Ensemblemitglieder. Seit dem Neonazi-Überfall hat sich ihr Leben drastisch verändert. Angst, aber auch Zivilcourage beherrschen die Szene und die Gesprächsthemen.

Davon erzählten sie uns nach der Vorstellung in der Theaterkantine. Die Künstler um Intendant André Bäcker wehrten sich einerseits gegen die braune Stigmatisierung von Halberstadt. Anderseits mussten sie leibhaftig zur Kenntnis nehmen, dass Nazi-Übergriffe keine Ausnahme mehr sind. Im Gegenteil – sie gehören zum Stadtbild. Wut und Unverständnis äußerten die betroffenen Ensemble-mitglieder über das Verhalten der Polizei am Tatort. Sie mussten die Erfahrung machen, dass die Hüter von Recht und Ordnung entweder resignieren oder ebenso von Angst vor brauner Gewalt paralysiert sind.

Man müsse sich der Bedrohung bewusst sein, sagte Intendant Bäcker. Er forderte, dass der Betroffenheit endlich Konzepte und Taten dagegen folgen müssen. Aufgewühlt erzählte uns Gerlind, seit zwanzig Jahren Ensemblemit-glied, dass sie nur noch Zorn empfinde für die Sparpolitik des Landes an Kultur und Bildung. Sie sehe darin eine der wesentlichen Ursachen, dass unsere Gesellschaft oft junge Leute nicht mehr sozialisieren kann. Die anhaltinischen Theater hätten ein Netzwerk gegründet und wollen eine Broschüre gegen Nazi-Gedankengut veröffentlichen.

Eines der Opfer, der Sänger und Tänzer Timo-Felix, brachte sehr emotional auf den Punkt, was alle im Ensemble denken. »Ihr seid heute zu uns gekommen, und das ist gut. Aber ich will von euch Ergebnisse von Taten sehen.« Bisher habe er sich nicht für Politik interessiert, das hätte sich seit dem Vorfall geändert.

Die Erwartungshaltung des jungen Mannes wurde für uns spürbar Verpflichtung. Eine demokratische Gesellschaft darf weder rechtsextremistisches Gedankengut noch Überfälle der Neonazis tolerieren – das war die Meinung aller Versammelten.

Dieser Theaterabend wird uns nicht nur wegen des Musicals als »Mitmachereignis« in Erinnerung bleiben. Er ist es vor allem wegen der lebendigen Zivilcourage des Halberstadter Theaterensembles.

 ## Puccini und der Streit um die Zuwanderung

Ich gehe gern ins Theater. Egal ob Oper, Ballett oder Schauspiel, sich mit Kunst auseinanderzusetzen ist anregend und gibt mir Kraft. Am Sonnabend, dem 27. März 2004, hatte Puccinis »Mädchen aus dem goldenen Westen« Premiere in der Deutschen Oper. Vor 91 Jahren erlebte dieses Stück in der Charlottenburger Bürgeroper seine deutschsprachige Erstaufführung. Erzählt wird von Männern, die der Arbeit nachreisen und Sehnsucht nach Familie und menschlicher Wärme haben. Das Programmheft stößt einen mit der Nase auf historische Parallelen. Von der Anwerbung italienischer und türkischer Arbeiter in den 60er Jahren wird berichtet, von ihren Wohnbedingungen in Lagern und dem großen Staunen in der

Bundesrepublik, als diese Männer ihre Familien bei sich haben wollten. Vielleicht sollte die Zuwanderungskommission, die seit vielen Monaten über den Familiennachzug streitet, einen gemeinsamen Abend in der Deutschen Oper verbringen.

Solidarität im Weitlingkiez

Wieder einmal kam es zu einem rechtsextremistischen Vorfall im Weitlingkiez. Dabei wurde eine Verkäuferin in einem Dönerimbiss von einem 32-jährigen Mann bedroht. Dieser war am frühen Abend in den Laden gekommen und hatte sich sofort Zutritt hinter dem Tresen verschafft. Die von den Nachbarn alarmierte Polizei nahm kurze Zeit später den Mann fest, als dieser gerade auf der Straße einen Ukrainer beschimpfte. Zum Glück wurde niemand verletzt.

Trotz des glimpflichen Ausgangs dieses Überfalls saß der Schock bei allen Beteiligten tief. Es war nicht das erste Mal, dass der Inhaber oder auch seine Angestellten verbal bedroht und attackiert wurden. Es fiel auf, dass es immer die gleichen Personen waren, die den Besitzer des türkischen Imbiss' und seine Mitarbeiterin provozierten.

Um Unterstützung zu signalisieren, besuchte ich mit zwei Mitarbeitern den Imbiss. Wir wollten der Familie des Besitzers das Gefühl vermitteln, dass sie nicht alleingelassen wird. Also organisierten wir ein Solidaritäts-Döner-Essen. Trotzdem musste der Dönerladen Ende Juli 2007 leider schließen.

In der Weitlingstraße gab es eine Kneipe, die »Kiste«. Dort verkehrten nach Polizeiberichten Rechtsextreme. Zwischen dem Dönerladenbesitzer und Besuchern dieser Kneipe war es immer wieder zu Streitereien und schließlich auch zu handgreiflichen Auseinandersetzungen gekommen. In den Medien wurde teils sachlich, teils reißerisch über diese Vorfälle und die Schließung des Dönerladens berichtet. Grund genug für uns, die Sachlage genauer zu betrachten und interessierte Bürgerinnen und Bürger in das Bürgercafé in der Münsterlandstraße 33 einzuladen. Unter dem Motto »Was tun gegen Rechtsextremisten im Weitlingkiez?« ging es um die Ermittlung der Lage vor Ort.

Was ist dran an der medialen Berichterstattung? Ist der Weitlingkiez so oft in den Medien präsent, weil sich dort die Zentrale des Neofaschismus für ganz Ostdeutschland befindet? Gibt es hier mehr rechte Straftaten als anderswo? Welche Eindrücke haben die Bürger? Es schien, als hätten die Einwohner des Kiezes nur darauf gewartet, sich auszutauschen und gegenseitig zu informieren, denn der Raum war brechend voll. Gleich zu Beginn wurde von mehreren Bürgern Unmut darüber geäußert, dass es nur um Rechtsextreme ginge, wenn über den Weitlingkiez berichtet wird. Es gäbe im Kiez auch viele schöne Seiten. Junge Familien zögen wieder hierher. Die ansässigen Vietnamesen hätten vor kurzem ohne Probleme ihr großes Fest auf dem Münsterlandplatz gefeiert. Und 33 der 120 Geschäfte im Weitlingkiez würden von Ausländern oder Deutschen mit Migrationshintergrund betrieben. Also, alles ganz normal?

Neben Gewalttaten gegen Ausländer, linksalternative Jugendliche sowie Überfällen auf zwei Abgeordnete der Linkspartei gab es im Kiez zuhauf Schmierereien mit rechtem Hintergrund. Einige ältere Bürger äußerten ihre Angst, nachts angepöbelt oder Zeuge eine Gewalttat zu werden.

Was also tun? Das beste Mittel ist zu zeigen, dass dieser Kiez nicht den Rechten gehört: Niemand sollte an einem NPD-Aufkleber vorbeigehen, sondern sich die Minute Zeit nehmen, ihn mit einem Schlüssel oder einer Münze zu entfernen. Schmierereien an Häusern werden durch das Ordnungsamt oder die Polizei beseitigt. Man sollte sich trauen, Anzeige zu erstatten, wenn man Hakenkreuze entdeckt oder rechtsradikale Musik laut aus einem Fenster schallt. Dafür sind Aufklärung, Öffentlichkeitsarbeit und Vernetzung der verschiedenen Vereine gefragt. Und dabei sind auch alle Anwohner gefragt.

Loch im Tagesablauf

Am Sonntagmorgen vor der Wahl des Bundespräsidenten 2004 trafen sich etliche PDS-Wahlleute, um das Transparent »Hitlers Marine-Richter Filbinger in Berlin unerwünscht – PDS« vor dem Brandenburger Tor und dem Reichstag zu entrollen. Die CDU hatte ebenjenen Richter als Wahlmann aufgestellt.

Filbinger musste als Ministerpräsident von Baden-Württemberg 1978 zurücktreten, nachdem bekannt geworden war, dass er als Jurist während der NS-Zeit an Todesurteilen, unter anderem gegen den Matrosen Walter Gröger, mitgewirkt hatte. Als Filbinger 2007 starb, versuchte sein Nachfolger Oettinger ihn bei der Trauerfeier im Freiburger Münster mit den Worten reinzuwaschen: »Hans Filbinger war kein Nationalsozialist. Im Gegenteil: Er war ein Gegner des NS-Regimes. Allerdings konnte er sich den Zwängen des Regimes ebenso wenig entziehen wie Millionen andere.« Kanzlerin Merkel rüffelte ihren Parteifreund Oettinger für diese Geschichtsfälschung.

Unsere Protestaktion vor dem Brandenburger Tor hatte noch ein Nachspiel. Die Zeitschrift *Blickpunkt Bundestag* stellte regelmäßig Abgeordnete vor – ich wurde für die Serie »Tagesläufe« am 23. Mai 2004 von einer Reporterin begleitet, am Tag, an dem Horst Köhler zum Bundespräsidenten gewählt wurde. Die Leserinnen und Leser erfuhren, dass ich zunächst joggen ging, dann mit meinem Mann frühstückte, Nachrichten hörte, eine dunkelrote Samtjacke anzog. Dann ging es endlich um Inhalt. Der füllte immerhin drei Seiten mit zwölf Fotos. Und dennoch war ich sauer über den Artikel. Denn so akribisch mein Tagesablauf vom Aufstehen bis zum Zubettgehen dargestellt wurde, eine wichtige Stunde dieses Tages wurde einfach unterschlagen. So, als ob ich nie mit anderen Gleichgesinnten und einem Transparent vor dem Reichstag demonstriert hätte.

Ende Juni schrieb ich an den damaligen Bundestagspräsidenten Thierse: »Ich hoffe nicht, dass mein Tagesablauf in irgendeiner Weise politisch zensiert wurde.« Die Passage sei »willkürlich« gestrichen worden. Auch Fotos von der Aktion, die *Blickpunkt* gemacht hatte, erschienen nicht.

Thierse, der 1998 im Kampf um das Direktmandat in Mitte/Prenzlauer Berg gegen die PDS unterlag, reagierte gereizt. Zwar habe, gab er in einem Brief zu, die Redaktion von *Blickpunkt* die PDS-Demonstration gegen Filbinger als »subjektiv bedeutsam« eingeschätzt. Andererseits reiche die Sparte »Tagesläufe« nicht aus, die Gründe zu dieser Aktion »sachgerecht darzulegen«. Thierse belehrte mich: »Die Reportage bietet keinen Platz, das Für und Wider einer bestimmten Meinung zu erörtern.« Das war natürlich ein peinlicher Versuch, meinen Vorwurf der Zensur zu entkräften. Ich bin mir sicher, dass kein Demokrat drei Seiten braucht, um »sachgerecht darzulegen«, dass ein ehemaliger NS-Richter bei der Wahl eines Bundespräsidenten nichts zu suchen hat.

»Zug der Erinnerung«

Im Frühjahr 2007 erhielten alle Bundestagsabgeordneten einen Brief vom Zentralrat der Juden in Deutschland. Dieses Schreiben appellierte eindringlich an unsere Verantwortung als Volksvertreter. Wenige Tage später saß Beate Klarsfeld ausgerüstet mit schweren Aktenordnern, die den Schriftverkehr mit der Deutschen Bahn AG und anderen Behörden dokumentierten, in meinem Büro. Sie war und ist für mich schon zu Lebzeiten eine Legende und für meine jungen Mitarbeiter eine wichtige Zeugin der Zeitgeschichte.

Im Streit um die Ausstellung »11 000 jüdische Kinder – Mit der Reichsbahn in den Tod«, verhinderte die Deutschen Bahn seit mehr als drei Jahren mit allen nur möglichen fadenscheinigen Begründungen die Präsentation der Ausstellung auf Bahnhöfen in der Bundesrepublik. In Frankreich wurde die Exposition von der Organisation »Die Söhne und Töchter der deportierten Juden aus Frankreich« in 18 großen französischen Reisebahnhöfen gezeigt. Die französische Bahn SNCF unterstützte das Projekt großzügig ohne Wenn und Aber.

750 der 11 000 deportierten Kinder stammten aus Deutschland und Österreich. Auch deshalb wollte Beate Klarsfeld die Bilder in deutschen Bahnhöfen zeigen. Die Bahn begründete ihre Ablehnung damit, dass sie weder Geld noch Personal dafür habe. Zudem könne man den Reisenden eine solche Ausstellung nicht zumuten. Wir

hörten Beate fassungslos zu. Uns war klar, dass wir ihr Vorhaben unterstützen müssen.

Sie zeigte uns Fotos von kleinen Kindern. Sie erzählte uns, wie mühsam und aufwendig diese Recherchen gewesen waren, um jedem Kind wieder ein Gesicht zu geben. Wir durchblätterten die Dokumentation und sahen die lächelnden Kinder – vor der Deportation. Wir lasen in den Texten, wann die Kinder deportiert und von ihren Eltern getrennt worden waren. Sie alle wurden nach Auschwitz deportiert und sofort vergast.

Anders als der Vorsitzende des französischen Bahnkonzerns lehnte der damalige Chef der Deutschen Bahn AG, Helmut Mehdorn, jegliche Verantwortung ab. Selbst Verkehrsminister Tiefensee erreichte bei der Bahn nur ein halbherziges Entgegenkommen. Man wollte die Ausstellung in bahnhofsnahen Räumen oder im Verkehrsmuseum in Nürnberg zeigen. Beate bestand aber darauf, dass die Ausstellung direkt in den Bahnhöfen gezeigt werden müsse, denn die Wirkung sei viel größer und emotionalisierender als in Museen. Reisende, die die Fotos der deportierten Kinder betrachten und die Texte lesen, werden in ihre Züge steigen und nachdenken.

Wer Beate Klarsfeld kennt, weiß, dass sie sich von einem Nein nicht abhalten lässt. Mit Unterstützung der Initiative »11 000 Kinder« organisierte sie provisorische Ausstellungen und ging unerlaubt mit Kinderbildern auf Bahnhöfe in Frankfurt am Main, Karlsruhe und Stuttgart und machte Reisende darauf aufmerksam, dass die Bahn die Ausstellung boykottiert. Der Druck auf Mehdorn wurde immer größer, so dass die Deutsche Bahn ihre Bahnhöfe als Ausstellungsorte nicht länger verweigern konnte. Am 15. April 2008 fuhr der »Zug der Erinnerung« am Bahnhof Berlin-Lichtenberg ein. Wie schon zuvor am

Ostbahnhof war der Andrang enorm. Mehr als 10 000 Besucher sahen die Ausstellung. Viele brachten Blumen mit und legten sie vor dem Zug oder auf dem Bahnsteig ab. Ich erlebte berührende Szenen. Besucher fragten mich, warum niemand diese Kinder schützen konnte? Ältere Zeitzeugen erzählten mir von erschütternden Szenen, als ihre Freunde, Spielkameraden von den Nazis abgeholt wurden für den Transport nach Auschwitz. Die Anteilnahme der Bevölkerung war für mich überwältigend und gab uns Mut, weiterzumachen. Der Verein der Bundestagsfraktion DIE LINKE e.V. übergab eine großzügige Spende, damit der Zug weiter quer durch Deutschland fahren konnte. Zwischen Beate Klarsfeld und mir besteht seitdem eine enge Verbindung.

Solidarität oder Gier

Ich bin der festen Überzeugung, dass wir uns in unserer Gesellschaft zwischen Solidarität oder Gier entscheiden müssen. Mit »Geiz ist geil« hat ein Elektronikmarkt lange Zeit geworben. Damit kreierte er einen Werbespruch, der dem Zeitgeist entsprach und der durch verschiedenste Bundesregierungen befördert wurde. Ich glaube, gegen diesen Zeitgeist, der im Grunde die Rückbesinnung auf den alten Liberalismus, den »Raubtierkapitalismus« meint, hilft nur ein Wirkstoff: Solidarität. Ich vergebe seit Jahren einen Integrationspreis in meinem Wahlkreis. Inzwischen haben wir ihn in den Solidaritätspreis umbenannt, weil dieser Begriff weit mehr als Integration fasst. Es geht eben nicht nur um die Solidarität mit Geflüchteten, sondern um Solidarität in der ganzen Gesellschaft. Solidarität muss man wie eine Sprache erlernen, und